RIDER'S DIGEST

DIALOGE OHNE HELM UND DOPPELTEN BODEN

Uli Böckmann

RIDER'S DIGEST

DIALOGE OHNE HELM UND DOPPELTEN BODEN

HEEL

HEEL Verlag GmbH
Gut Pottscheidt
53639 Königswinter
Telefon 0 22 23 / 92 30-0
Telefax 0 22 23 / 92 30-13
Mail: info@heel-verlag.de
Internet: www.heel-verlag.de

Verantwortlich für den Inhalt: Uli Böckmann
Lektorat: Jost Neßhöver
Gestaltung: Huwer-Design, Hürth

Alle Angaben ohne Gewähr!

Printed in Czech Republic

ISBN 978-3-95843-955-9

Inhalt

Farbenspiele

Ganz früher waren Motorräder meistens schwarz lackiert. Es gab auch vereinzelt rote, grüne oder blaue, selbst silberfarbene wurden gesichtet. Heute ist das alles nicht mehr so einfach …

»Sag mal, was ist denn mit dem Blau hier? Wo kommt das denn auf einmal her?«

»Welches Blau?«

»Na, das hier! Ich dachte, wir wären fertig.«

»Warte, ich guck' noch mal auf die Liste, … siebenmal Rot, sechsmal Grau oder Silber, fünfmal Schwarz, sechsmal Blau und ein paar Einzelfarben.«

»Aber das dunkle Blau hier seh' ich zum ersten Mal. Also ICH hab' dem jedenfalls noch keinen Namen gegeben.«

»Zeig' her … nö, ich auch nicht.«

»Scheiße. Und jetzt?«

»Die Präsentation ist erst morgen, also, noch ist es nicht zu spät.«

»Hast du 'ne spontane Idee?«

»Wie wär's mit: *Interstellar Oceandeep Metallic*?«

»Interstellar hatten wir schon bei einem Schwarz.«

»Mist. Warte … *Granitblau*!«

»Wir haben schon *Granitgrau*. Und außerdem: Seit wann ist Granit blau?«

»Zeig' mal die, die wir jetzt schon haben – wo sind denn die Blautöne … ah, hier: *Eisbergsilber Metallic*, *Kick Ash Translucid*, *Lagoone Diving simply matt*, *Blue Velvet Cocoon* und *Skyscrape Desaster*. Stimmt, … das sind eindeutig nur fünf, da fehlt noch eine.«

»Und was haben wir bei den Rottönen?«

»Moment … hier, also: *Cherry Bomb Translucid*, *Bloodstone Red* …«

»Wie war das? *Bloodstone Red*? Blutstein-Rot? Ist das von uns?«

»Wahrscheinlich. Niemand sonst gibt Farben einen Namen.«

»Aber Blutstein … wer ist denn so drauf?«

»Vielleicht der Neue, scheint 'n Grufti zu sein. Von dem kommt doch auch das *Emergency Red Metallic*.«

»*Emergency*? Notaufnahme? Notaufnahme-Rot? Ist doch krank, oder? Was zum Teufel raucht denn der?«

»Der Chef hat's schon abgesegnet, brauchst dich also nicht mehr drüber aufzuregen.«

»Grundgütiger! Okay, was haben wir noch bei Rot?«

»*Candy Glory Red, Felsrot uni metallisiert, Pearl Siena Red* und *Winning Red* oder *Fighting Red*, da müssen wir uns noch festlegen.«

»Hm … *Winning* … *Fighting* … was findest du denn besser?«

»Hab' ich doch vorhin schon gesagt, ich fänd' ja *Che GuevaRed* total super, aber ihr habt mich ja nur ausgelacht. Ginge doch wohl nicht, habt ihr gesagt. Notaufnahme-Rot, sag' ich da nur. Also nimm, was du willst, mir ist es wurscht.«

»Nun hab' dich mal nicht so. Du weißt, dass alles Politische tabu ist. *Che GuevaRed*, so'n Blödsinn! Setz' dich in den USA auf ein Motorrad mit der Farbe und du landest in Guantanamo.«

»Passt doch, oder? Ich hatte außerdem auch mehr Europas Alt-68er im Blick, aber vergiss es … Also: *Winning* oder *Fighting*?«

»Nimm *Fighting*. Ende. War das alles an Rot?«

»Jep.«

»Und wie sieht's bei Schwarz aus?«

»*Interstellar Black Metallic, Darkness Black, Pearl Concour Black, Metallic Diablo Black* und *Cosmic Black.*«

»Ich find' ja *Interstellar* und *Cosmic* zu nah beieinander, da sollte uns noch was Besseres einfallen.«

»*Asshole Deep Black* … bruahaha … kleiner Scherz. Aber mal ernsthaft, wie wär's mit *Phantom Black*?«

»Hm … nicht gerade der Kick, oder? Ist doch ein ziemlich helles Schwarz. Ich wäre für *Sturmgrau Metallic*. Das hat so was … so was … Heraufziehendes, findest du nicht?«

»Heraufziehendes, soso. Aber wenn es ein Grau wäre, stände es bei den Grautönen. Uns wurde es als Schwarz vorgelegt.«

»Ist ja auch weiterhin ein Schwarz. Ein sturmgraues Schwarz.«

»Und du meinst, das wird durchgehen?«

»Wir versuchen es einfach.«

»Okay, dann bleiben nur noch Grau und Silber.«

»Was haben wir?«

»*Iron Nail Silver Metallic* …«

»Warte mal, Eisennagel-Silbermetallic? Was ist denn das wieder für'n Quatsch?«

»Jetzt tu doch nicht so, als wenn du das alles zum ersten Mal hörst, vorgestern fandest du es noch gut.«

»Wirklich?«

»Also weiter: *Chevalier Silver, Weißaluminum metallic matt, Granitgrau, Dark Graphit, Spangle Silver* und *Lahargrau.*«

»Was für'n Grau?«

»*Lahar.*«

»*Lahar*?«

»Richtig, *Lahar.*«

»Und was soll das nun wieder sein – *Lahar*?«

»Warte, da muss ich nochmal nachsehen – hier: ein schwerkraftgetriebener, vulkanischer Schlammstrom, kann bis zu 100 km/h schnell werden.«

»Ahar, äh, aha. Ein Schlammstrom. Soso. Na, da kann man ja nur hoffen, dass der Kunde das nicht hinterfragt. Das mit dem Schlammstrom sollten wir ihm jedenfalls nicht erzählen. Aber mir war noch was aufgefallen – Granit und Graphit, auch zu ähnlich, oder?«

»Dann nennen wir doch das *Granitgrau* einfach *Quasar Silver.*«

»Hm …«

»Oder *Digital Silver.*«

»Hm …«

»*Atomic Silver*?«

»Nicht schlecht …«

»*Alaskagrau*?«

»Das ist es! Das nehmen wir.«

»Gut. Fehlt uns aber immer noch das Blau.«

»Und die Einzelfarben?«

»Die sind komplett: *Pearl Sunbeam White, Racing Passion* und *Valencia Orange Translucid.*«

»Sollte die letzte nicht eigentlich *Pearl Wildfire Orange* heißen?«

»Nein, die Alternative war *Bombay Orange Metallic*, aber der Chef fand Valencia besser. Seine Frau kommt aus Valencia.«

»Ach, tatsächlich? Vielleicht hilft uns das ja bei dem Namen für das Blau… – wo kommst du denn eigentlich her?«

»Super Gedanke, warte … ich hab' auch sofort den perfekten Namen: *Tiefschlachblau Bottrop Heavy*!«

»Na bitte, geht doch.«

Wenn Biker ihre Days haben …

So mancher Motorradhändler kann ein Lied davon singen, wie mühsam es ist, im harten Wettbewerb um Kunden und Käufer zu bestehen. Und wenn man selbst nicht mehr weiter weiß, holt man sich einen Berater ins Haus.

»Sie wollen mir also Vorschläge machen, wie ich meinen Laden umgestalten soll?«

»Ihren Shop.«

»Meinen … Shop?«

»Ihren Shop, genau. Ihr Laden muss ab sofort Shop heißen. Damit fängt's an.«

»Damit fängt was an?«

»Der Relaunch. Wir machen aus Ihrem Shop ein Profit-Center.«

»Tatsächlich?«

»Aber sicher. Shop allein genügt aber nicht, das Ganze braucht noch eine knackige Trademark.«

»Wie meinen …?«

»Ein neues Branding. Einen coolen Namen.«

»Aber ich hab' doch schon einen Namen.«

»Aber *Zweirad Klötenkemper* kann nicht das Ende der Fahnenstange sein …«

»Sondern?«

»Ich dachte an *Ernie's Highway Steel Garage*.«

»Wie bitte? Wer ist Ernie?«

»Hat man mir was Falsches gesagt? Heißen Sie nicht Ernst?«

»Doch, schon.«

»Also: *Ernie's Highway Steel Garage*, klingt doch extremely cool, oder?«

»Aber *Zweirad Klötenkemper* ist seit über 35 Jahren am Ort eingeführt, mich kennt hier jedes Kind.«

»Und? Legen Sie Wert auf Kinderkundschaft?«

»Ich verstehe nicht ganz …«

»Wollen Sie als Klötenkemper bekannt sein oder als Ernie mehr Umsatz machen?«

»Na ja, mit dem Umsatz …«

» … sieht es zur Zeit bei Ihnen nicht allzu gut aus, ich weiß. Deshalb bin ich ja hier.«

»Sicher, aber …«

»Wollen Sie sich jetzt anhören, was ich zu sagen habe, oder nicht?«

»Hmpf …«

»Also, den neuen Namen nehmen wir zum Anlass für ein Kick-off-Event, das sorgt schon mal für eine gewisse Performance am Counter.«

»Kick off?«

»Ein Start-up, ein High-Flyer, eine Mega-Party – hier muss richtig die Mother steppen.«

»Die Mother, aha. Aber das hatten wir doch schon mal.«

»Tatsächlich? Wann denn?«

»Tja, warten sie mal … das muss so vor … hmm, so vor fünf, sechs Jahren gewesen sein.«

»Aha. Und das Programm?«

»Wir haben den Schwenkgrill aufgebaut, es gab Cola und Bier und abends wurden Dolomiten-Dias gezeigt.«

»Wie verlockend. Und: Ist jemand gekommen?«

»Schon. Waren alle da.«

»Wer ist alle?«

»Na, die Kumpels und ein paar Bekannte, zum Teil mit der Familie.«

»Und wie viele Sales hatten sie an dem Tag?«

»Was hatte ich?«

»Sales, Verkäufe. Wie viele Bikes haben sie verkauft?«

»Verkauft? Wieso verkauft? Ich hab' den ganzen Tag am Grill gestanden.«

»Himmel! Hören Sie, so ein Event sollte die Sales pushen, an so einem Tag müssen Sie mit dem Customer in den Infight und ihm die Win-Win-Situation klarmachen.«

»Ja … öhm … so was dachte ich mir auch schon …«

»Na sehen Sie. So was machen wir hier demnächst zweimal im Jahr. Einmal im Mai, einmal im Oktober.«

»Ach du liebe Güte. Ich glaube kaum, dass der Schützenverein mir so oft den Grill …«

»Vergessen Sie das Catering, darum kümmere ich mich. Aber wir müssen auch an der Location noch was verändern.«

»Von mir aus … aber was denn?«

»Na, das fängt schon mit dem Welcome hier an. Hier muss der Customer direkt mit einem Feeling begrüßt werden, einem Spirit. Am besten sorgt eine Hostess dafür, dass jeder Visit direkt in eine Promotion verstrickt wird.«

»Hostess? Wo soll die denn herkommen?«

»Wüssten Sie nicht jemanden aus ihrem Umfeld? Kostet auch weniger.«

»Umfeld … hmm …, vielleicht könnte ich meine Schwiegermutter …«

»Okay, vergessen Sie's. Ich kümmere mich darum. Wie viele Bikes haben sie für Testrides?«

»Öhm … Sie meinen Probefahrten?«

»Yes.«

»Zur Zeit eine.«

»Sie brauchen zehn bis fünfzehn, Minimum.«

»Wie soll ich das denn … ?«

»Sie brauchen außerdem noch einen Entertainer, Cheerleader wären auch nicht schlecht. Ach ja, und natürlich eine Performance, irgendwas Spektakuläres. Ein Highlight. Kennen sie keinen Stuntman?«

»Stuntman? Nicht direkt … obwohl … der Sohn von meinem Mechaniker ist im Trial-Club. Der kann schon über Bierkästen fahren und über Theken und …«

»Vergessen Sie's, ich kümmere mich darum. Apropos Theken: Go-go-Girls. Wie sieht's damit aus? Kommen Sie mir jetzt nicht wieder mit ihrer Schwiegermutter.«

»Hören Sie mal, ich glaube nicht, dass mich das wirklich weiterbringt. Wenn ich das alles so mache, kommen ja nicht mal mehr die Kumpels.«

»Ihre Kumpels interessieren keinen. Sie brauchen Sales, oder?«

»Aber allein *Highway Steel Garage* … Das ist hier die Elsa-Brandström-Straße, Nummer 25, Hinterhof. Quasi das Gegenteil von einem Highway.«

»Da haben Sie sogar recht. Was halten Sie von … hmm … *Ernie's Ghetto Steel Garage*?«

»Also ich weiß nicht …«

»Ich aber. So machen wir das. Dann brauchen wir fürs Kick-off aber noch brennende Ölfässer und ein paar Nörgel-Neger.«

»Nörgel … was?«

»Hip-Hopper. Very black, very unhappy.«

»Ich weiß nicht …«

»Es wäre sogar gut, wenn dann einer von den Jungs während des Events als Ecstasy-Dealer auffliegt. Das bringt Presse.«

»Ich weiß nicht …«

»Herrgott! Ich weiß nicht, ich weiß nicht …! WAS wissen sie nicht?«

»Na ja … ob das alles überhaupt zu meinen Marken passt.«

»Was … wieso … was haben sie denn für Marken?«

»Daelim, Hyosung und Kymco …«

Biker sucht ...

Es ist nicht immer einfach, als einsamer Wolf durch sein Motorradrevier zu streifen. Mindestens genauso schwierig ist es jedoch, die passende Wölfin zu finden. Da kann es hilfreich sein, den Rat eines Freundes einzuholen ...

»Und du bist dir sicher mit der Anzeige? Glaubst du, das bringt was?«

»Keine Ahnung. Ich weiß nur, wenn ich nix tu', dann tut sich auch nix.«

»Und ich soll dir dabei helfen, den Text zu formulieren?«

»Du bist mein bester Freund, du kennst mich wie kaum sonst einer. Du sollst mir einfach nur sagen, ob du mich in den Zeilen erkennst.«

»In welchen Zeilen?«

»Die ich dir gleich vorlese.«

»Du hast schon einen Text formuliert? Na, ist doch super. Lass hören.«

»Ist aber nur die erste Fassung. Ich muss das alles eigentlich noch ein wenig umstellen ... Vielleicht mach' ich das besser auch vorher, sonst kommt's am Ende nicht so rüber, wie ich es meine und dann ...«

»Ist doch egal, jetzt fang' schon an ... na los.«

»Okay ... Ich dachte, dass es sicher das Beste sein wird, ich steig' zunächst ganz unverbindlich ein, also, damit man nicht gleich so mit der Tür ins Haus fällt. Ich denke, die Kunst ist es, schon mit dem ersten Wort den Spagat zwischen Sehnsucht und Coolness zu schaffen. Frauen mögen es einfach nicht, wenn man direkt zum Einstieg so dick aufträgt und ...«

»Mann!! Jetzt lies schon vor! Mach mich nicht wahnsinnig!«

»Schon gut, schon gut ... also: *Windgesicht* ...«

»Äh, ... was?«

»*Windgesicht* – mein Einstieg.«

»Windgesicht!? Wer soll das sein? Sie oder du?«

»Ich.«

»Du und ein Windgesicht? Das ist nicht dein Ernst.«

»Doch, wieso?«

»Du hast es in zehn Jahren auf dem Motorrad einmal in den Westerwald geschafft, ansonsten treibst du dich meines Wissens quasi ausschließlich vor der Haustür herum. Oder hast du jetzt Größeres vor – willst du mit deiner Kuh in die Welt hinaus?«

»Ich? Um Gottes Willen.«

»Dann vergiss das Windgesicht. Damit weckst du nur falsche Erwartungen. Am Ende melden sich nur diese Globetrotter-Tanten, und wenn sie dich sehen, schicken sie dich sofort in die Wüste.«

»Danke! Du weißt wirklich, wie man einen Freund aufbaut.«

»Ich dachte, du wolltest eine ernsthafte Beratung.«

»Na, du bist gut – haste wenigstens einen besseren Vorschlag?«

»Hmm … warte … gar nicht so einfach. Doch: *Latte Macchiato* …«

»Okay, dauert aber einen Moment.«

»Wo willst du denn hin?«

»Ich denk', du willst 'nen Kaffee.«

»Blödsinn. Das ist der Einstieg in deine Anzeige.«

»Latte Macchiato … ?!?«

»Genau. Den trinkst du doch literweise.«

»Schon, aber ich versteh' nicht ganz, was das mit …«

»Und dann weiter: *Latte Macchiato, gerne süß und heiß – wirst du ihn mir umrühren?*«

»Sag' mal, bis du noch ganz dicht? Ich such' eine Sozia, keine Sklavin.«

»Frauen steh'n auf so was, glaub' mir. Und es geht ja auch noch weiter: *Latte Macchiato … usw.,* und dann: *Wüster Tourenträumer sucht letzte Rille zum Abfahren. Wenn du dich in mein Kurvenkino kuscheln willst, dann gehört der Sperrsitz dir.*«

»Du spinnst doch. Das meinst du nicht ernst.«

»Todernst.«

»Wer soll sich denn darauf melden – Nina Hagen?!«

»Wen suchst du denn – Mutter Beimer?«

»Ich suche ein fröhliches, freundliches, ehrliches, unkompliziertes und natürliches Wesen, mit dem ich gemeinsam durch dick und dünn gehen kann.«

»Dann mach' dir doch nicht solch einen Stress. Geh' in eine Zoohandlung.«

»Blöder Idiot! Kann man mit dir nicht ein einziges Mal ernsthaft reden?«

»War ja nur'n Scherz. Und der Text war ja auch wirklich ernst gemeint. Damit fällst du garantiert auf.«

»Das kann man allerdings tatsächlich als gesichert ansehen. Ich glaube jedoch nicht, dass ich das so machen werde. Mit gefällt schon der Einstieg mit der Latte nicht. Vielleicht kann ich mal weiter vorlesen, wie ich mir das gedacht hatte.«

»Mach doch.«

»Also das Windgesicht lass' ich jetzt weg. Dann kommt: … *sucht ein fröhliches, freundliches, …*«

»Den Teil kannst du auch überspringen, … wie weiter?«

»*Würde dich gern mit auf eine Tour durchs Leben nehmen.*«

»Hm … *Leben nehmen* klingt irgendwie zu negativ. Das kann so nicht bleiben.«

»Und der Schluss: *Melde dich, sonst tut es eine andere.*«

»Wer tutet?«

»Eine andere … sich melden.«

»Willst du meine ehrliche Meinung hören? Da meldet sich bestenfalls eine, von einer anderen würde ich an deiner Stelle gar nicht erst träumen. Und wahrscheinlich ruft dich auch noch irgend so 'ne Trulla aus irgendeinem Call-Center an und will dir was Aufblasbares verkaufen – so wird's kommen.«

»Woher willst du das wissen? Tu doch nicht so, als hättest du die Weisheit mit Löffeln gefressen.«

»Ich sag' dir einfach als Freund, was ich denke. Ich sage nicht, dass du es so machen musst. Mach' deine eigenen Erfahrungen.«

»Das werde ich wohl auch.«

»Nur zu. Aber hast du mich je gefragt, wie ich Yvonne kennengelernt habe?«

»Deine Horror-Ex, die dir das Leben zur Hölle gemacht hat?«

»Genau die.«

»Sag schon, wie?«

»Über eine Anzeige.«

»Nein!«

»Doch!«

»Und warum hast du dir ausgerechnet diesen Besen ausgesucht?«

»Sie war die Einzige, die sich gemeldet hat.«

»Das spricht nicht gerade für deine Anzeige.«

»Ich weiß, die klang in etwa so wie deine. Deshalb wollte ich dir so ein Desaster ja ersparen.«

»Ach so … hmm … tja dann … werde ich die Sache wohl doch nochmal überdenken.«

»Tu das. Ich muss dann auch mal wieder. Eins noch: Kannste mir vielleicht ein letztes Mal deine Fußpumpe leihen …?«

17

Teilemarkt

Wer wirklich günstig an rare Ersatzteile kommen will, der wird auf einem Teilemarkt fündig. Ein Jammer nur, dass manchmal die wirklich guten Sachen dort erst gar nicht ankommen …

»Mensch, mach' hinne! Wie lang' soll ich noch warten?«

»Moment … ich kann mich nicht entscheiden.«

»Was denn?«

»Ob ich den Rahmen hier mitnehmen soll oder nicht.«

»Warum nicht? Der Hänger ist riesig, also …?«

»Der ist von meiner allerersten Ténéré. Ist mir drei Mal gebrochen und ich hab' ihn drei Mal wieder geflickt: Einmal in Marokko – ein Loch in der Piste –, einmal in Algerien – vom Schiff gefallen –, einmal in Oer-Erkenschwick – da stand der Rollator von unser' Omma im Weg. Da hängen Erinnerungen dran. Da trennt man sich nicht so leicht.«

»Drei Mal geflickt … hast du 'ne Meise? Wir haben einen Stand auf dem Teilemarkt, nicht auf dem Schrottplatz.«

»Was denn?!? Der ist noch tipptopp, mit dem fahr ich dir noch drei Mal um die Welt!«

»Da lachen ja die Hühner!«

»Aber nackend!! Der ist jetzt stabiler, als er neu je war!«

»Okay, okay … nimm ihn mit oder lass' es … aber sag' mal, wo ist denn dein ganzes anderes Zeug? Kann ich ja vielleicht schon mal aufladen, bis du dich entschieden hast, ob du nackend um die Welt fahren willst.«

»Hab' noch nicht viel rausgesucht, bin gerade erst beim Rahmen angekommen.«

»Was?! Wir hatten gesagt, um fünf aufladen! Jetzt isses schon viertel nach und du hast nicht mal angefangen! Tickst du noch ganz sauber?«

»Reg' dich ab! Als wenn's drauf ankäme, ob wir 'ne Viertelstunde später da sind.«

»Hör zu, du Nacktfahrer, diese Viertelstunde entscheidet im Ernstfall darüber, ob wir mit unserem Kram direkt an der Einflugschneise stehen oder hinten in dem Sumpfloch neben den Dixi-Klosetts. So wie letztes Jahr. Also hau rein jetzt!«

»Okay … ich lass' den Rahmen hier.«

»Gut … und was nimmst du stattdessen mit?«

»Tja … hmm … gute Frage …«

»Manno! Was ist mit dem Zylinderkopf hier?«

»Finger weg! Der ist heilig, der ist von der Guzzi.«

»Von welcher? Du hattest dutzende.«

»Ich hatte genau sechs, du Ignorant. Der hier ist von der V7. Hab' ich am Rande der Schwarzwald-Höhenstraße ein neues Gewinde reingeschnitten. Und in Mandello sind mir vier Kühlrippen rausgebrochen, als die Cali vor Carlos Grab umgekippt ist.«

»Ich glaub's nicht … Aber egal. Die ganzen Kolben in der Kiste da drüben, was ist damit?«

»Willst du jede einzelne Geschichte hören?«

»Was für Geschichten?«

»Der hier zum Beispiel, ist von meiner letzten KLR. Hat mich genau 54.779 Kilometer weit getragen, dann hat's ihn im Hoggar – piff! – perforiert. Oder der hier, von meiner zweiten Big – mehr als 84.000 Kilometer und dann – paff! Hab's mal ausgerechnet: Der ist mehr als eine Milliarde mal für mich auf und ab gegangen. Und dann soll ich ihn einfach wegwerfen, nur weil er ein kleines Loch hat?«

»Soll das heißen, die sind alle im Eimer?«

»Na und? Die haben mich ein Stück weit begleitet, da hängt an jedem eine Geschichte, eine Erinnerung. Das ist doch auch ein Teil meines Lebens.«

»Ja, ein Verschleißteil deines Lebens. Ich glaub' das alles nicht … Was ist mit dem Gehäusedeckel da im Regal?«

»Hat unten ein Riesenloch – versteckter Baumstumpf im Piemont, bin locker zehn Meter weit geflogen, und dann war da dieser Typ mit seinem Ochsenkarren, der …«

»Schon gut … Die drei Felgen dahinten, was ist damit?«

»Ein kniehoher Poller in Amsterdam, eine Palette Heringe in Bremerhaven und eine nicht abgedeckte Jauchegrube in der Nähe von Passau.«

»Aha … verstehe … Die Tanks unter der Werkbank – ich nehme an, alle undicht?«

»Ein faustgroßer Stein in den Vogesen – steckt übrigens noch drin –, ein Spritdieb in Skopje, der zu blöd war, einfach nur den Schlauch abzuziehen, und in dem dritten hab' ich mal in Namibia Diamanten geschmuggelt. Wenn die Zeiten schlecht sind, schneid' ich den auf. Da werden bestimmt noch ein paar Karat in den Sicken hängen.«

»Ich frage mich ernsthaft, was bei dir noch so in den Sicken hängt. Du bist ja völlig plemplem. Bleibt noch der Motor hier. Aber der ist dir wahrscheinlich in Ulan Bator verreckt und du musstest dann lange in einer Garküche Hammelhoden schälen, bis du die Reparatur bezahlen konntest, stimmt's?«

»Nein.«

»Ach!«

»Er ist mir in den Pyrenäen verreckt und ein Hirte hat ihn repariert. Keine Ahnung wie. Er hat eine Flüssigkeit aus einem kleinen Fläschchen hineingekippt und dann lief das Teil wieder.«

»Von diesem Zaubermittel habe ich auch schon gehört, ich glaube, es heißt – Benzin?«

»Sag' mal, du hältst mich wohl für total bescheuert, oder? Wenn du keine Beziehung zu den Dingen aufbaust, die dich um die Welt tragen, dann ist das deine Sache. Ich bin nun mal nicht so ein grober Klotz, merk' dir das!«

»Apropos grober Klotz – die Kurbelwelle da vorn, die sieht doch noch gut aus.«

»Stimmt, die kannste aufladen.«

»Was? Einfach so? Bist du dir sicher?«

»Ganz sicher. Die ist immer gelaufen. Also, was soll ich damit?«

Vater & Sohn

Wenn Vater und Sohn ein ernstes Gespräch führen, können schon mal Dinge durcheinander geraten. Und je weniger der Sohn nach dem Vater kommt, desto schwieriger wird es …

»Musst du am Wochenende wirklich wieder mit deinen fragwürdigen Freunden herumziehen? Du weißt, dass Mutti und ich das nicht besonders schätzen.«

»Was stellt ihr euch eigentlich so an? Was soll denn passieren?«

»Wir sind uns halt nicht sicher, dass du in deinem Alter die Situation immer im Griff hast. Außerdem scheinen deine Freunde nicht den allerbesten Einfluss auf dich auszuüben. In der Clique seid ihr alle wie auf Droge.«

»Nicht wieder diese Leier. Fällt euch nichts anderes ein?«

»Na komm … Der eine da, der Dicke, der nur Ossi-Witze kennt – wie heißt der noch? Der hat so 'n komischen Namen. Klingt wie saures Aufstoßen.«

»Urs?«

»Urs, genau.«

»Wieso, was ist mit Urs?«

»Was mit ihm ist? Hast du dir mal seine Tattoos angesehen?!«

»Welche jetzt? Die am Hals oder die an den Waden?«

»Mehr im Mittelteil.«

»Ach, du meinst den Zombie auf seinem Rücken? Was soll damit sein? Der ist doch witzig.«

»Er wäre deutlich erträglicher, würde er nicht mit dem Bundesadler kopulieren. Das ist günstigenfalls widerwärtig. Aber den meine ich gar nicht einmal, ich meine das grafische Desaster auf seiner Brust. Ich weiß nicht einmal, was das darstellen soll.«

»Eine Pizza Tonno.«

»Eine … WAS?!«

»Eine Pizza Tonno. Mit extra viel Käse. Urs ist Künstler. Das ist seine ganz individuelle Art, Protest zu artikulieren.«

»Protest, aha … Wogegen denn?«

»Bei Urs ist das mehr eine prinzipielle Sache. Das richtet sich nicht gegen konkrete Sachverhalte. Sein Protest ist globaler. Er will vor allem anprangern.«

»Mit einer Pizza Tonno auf der Brust? Ach, du lieber Himmel … Verstehst du, dass Mutti und ich uns Sorgen machen?«

»Sorgen machen, Sorgen machen, ich kann's nicht mehr hören! Meint ihr nicht, ich bin alt genug, um zu wissen, was ich tue?«

»Vom Verstand her müsstest du eigentlich schon alt genug sein, so seh' ich das als Beh-weh-eller jedenfalls.«

»Ach du scheiße, jetzt kommt wieder die Nummer mit den Kosten und dem Nutzen.«

»Ein unangenehmes Thema, nicht? Vor allem, weil dir da immer ganz schnell die Argumente ausgehen.«

»Was mir vor allem ausgeht, und zwar endgültig, ist die Lust, mit dir darüber noch länger zu diskutieren. Deshalb sag ich's dir gleich: Du kannst mir jetzt wieder all deine Weisheiten runterbeten, mir vorhalten, dass ich mein Geld zum Fenster rausschmeiße, dass ich meine Zeit mit sinnlosen Vergnügungen verplempere, bla bla. Deine Sprüche kommen mir zu den Ohren raus!«

»Du bist uns halt nicht gleichgültig! Wir meinen es doch nur gut, Mutti und ich. Das kann doch jetzt nicht ewig so weiter gehen. Es ging doch auch früher anders.«

»Früher hab' ich um des lieben Familienfriedens willen alles mitgemacht. Und ihr kommt nicht damit klar, dass das jetzt nicht mehr so ist.«

»Ist das denn verwunderlich? Du bist manchmal tagelang unterwegs und dabei nicht mal erreichbar. Du treibst dich irgendwo in der Weltgeschichte herum, und wir wissen nicht so richtig, wo genau. Und dann diese Typen, mit denen du unterwegs bist … Also da macht sich jeder normale Mensch so seine Gedanken.«

»Jetzt reicht's! Das sind keine Typen, das sind meine Freunde, merk dir das! Vielleicht sind sie skurril, dafür aber nicht langweilig.«

»Skurril? Das ist brutalstmöglich untertrieben. Wie heißt noch gleich der mit diesen bunten Klamotten?«

»Konni.«

»Von mir aus, der kommt jedenfalls immer so rüber wie ein Junkie auf Freigang. Erzählt die ganze Zeit nur davon, wo er schon überall gewesen ist. Hat der nix anderes zu tun als in der Welt herumzuziehen? Wovon lebt der?«

»Er lebt! Das soll doch wohl reichen. Ich glaube, er schreibt auch für ein paar Magazine oder so.«

»Er kann schreiben? Respekt! Den Eindruck macht er gar nicht.«

»Pass auf, wir brechen das jetzt hier ab. Es hat keinen Sinn, mit dir zu reden. Ich werde das Festival am Wochenende nicht verpassen, und ich werde auch Achim nicht hängen lassen.«

»Welche dieser Gestalten ist Achim?«

»Der nette. Den sogar Mutti mochte.«

»Was? Dieser Typ, der an deinem Geburtstag einen Strip hinlegen wollte und dabei den Bratmaxe-Song gesungen hat?«

»Achim verträgt nicht viel. Und Mutti fand's sogar sexy …«

»Mutti hat an dem Abend die Hälfte der Bowle ganz allein getrunken! Da hätte ein adipöser Zwerg an der Stange tanzen können, sie hätte auch das sexy gefunden! Was heißt das überhaupt – du wirst ihn nicht hängen lassen?«

»Er eröffnet am Sonntag sein neues Café. Da ist die ganze Clique gefordert.«

»Ein neues Café? Na das passt ja: Wer nix wird, wird Wirt. Schluss jetzt! Noch ein Wort und ich enterbe dich!!«

»Och Paps, glaubst du wirklich, ich wäre scharf auf dein Motorrad?«

You're welcome …

In der großen Familie der Motorradfahrer haben ja alle eines gemein: Ein Motorrad. Das war's dann aber auch oft schon mit den Gemeinsamkeiten. Da kann es beim Besuch eines Treffs schon mal zu Irritationen kommen.

»Poach, war datt schwer zu finden. Fahr schon seit 'ner Dreividdlstunde immer innen Kreis rum. Wie wäret denn ma mit 'nem Schild gewesen?!«

»Da musst du dich an den Veranstalter wenden, ich bin selber nur Gast.«

»Und wieso hasse dann so'n gelbet Leibchen an? Ich dachte, du gehörst zu den Judges hier.«

»Ich habe mich nur freiwillig gemeldet, dabei zu helfen, den ungewöhnlich starken Verkehr zu regeln.«

»Na super, da bin ich ja gleich beim Richtigen. Ich hätte nämlich gern auffe Stelle ungewöhnlich starken Verkehr. Regel datt doch ma für mich. Bruhaha …«

»Tut mir leid, das finde ich nicht witzig. Außerdem möchte ich dich bitten, nicht ausgerechnet jetzt hier stehen zu bleiben. Du kommst zur absoluten Stoßzeit.«

»Na, genau davon red' ich doch. Krisse datt jetz geregelt oder nich?«

»Nochmal: Du siehst doch, was hier los ist. Ich wäre dir sehr dankbar, wenn du dein Motorrad dort drüben abstellen würdest und nicht hier direkt auf dem zentralen Platz.«

»Hömma, bevor wa annenander vorbeireden und nur, damit zumindest datt schon mal zwischen uns geklärt is: Meinen Hobel stell ich hin, wo ich will, wann ich will und so lange ich will. Da müssen schon fette Gründe vorliegen, wenn datt ma nich so is.«

»Wir brauchen den Platz später dringend, um den Korso sicher auf den Weg bringen zu können. Außerdem sollen sich vorher hier auch noch die einzelnen Gruppen vorstellen und in den Diskurs treten.«

»Watt? Wo sollen die reintreten?«

»In den Diskurs, deshalb sind wir doch schließlich alle hier. Wegen des Austauschs.«

»Watt soll denn die blöde Scheiße?! Ich hatte extra noch innet Internetz nachgekuckt. Da steht nix vonne Tauschbörse, Mann! Ich happ zuhause 'nen ganzen Hänger voll Teile zum Tauschen, hätte locker den Seesack vollstopfen

können. Deshalb happich doch extra noch gekuckt! Und jetz kommst du mir hier sofort mit Austausch … Boah, glaubse ei … Wem kann ich dafür inne Fresse hauen?«

»Das mit dem Austausch hast du irgendwie falsch verstanden. Außerdem halte ich deine Aggressivität für bedenklich. Geh' mal in dich.«

»Wenn jetz irgendwatt in mich geht, dann sind datt Bier und Burger, und zwar genau in der Reihenfolge. Bin hohl bis inne Hacken. Pass auf, sach du mir, wo ich hier auffe Stelle watt zu futtern kriege, dann stell ich auch meinen Brenner annen Rand.«

»Der Raum für unsere Mahlzeiten wird erst in einer halben Stunde geöffnet. Aber dort vorn bekommst du sicher schon einen Kaffee.«

»Samma, suchse Streit? Kaffee? Seh ich aus wie 'ne Torte? Ich hab' nach'n Bier gefracht!«

»Das dürfte um die Uhrzeit schwierig werden. Meines Wissens wird hier jetzt kein Bier ausgeschenkt.«

»Ei, Olle … sprech' ich hebräisch?! Ich weiß, datt ich spät dran bin. Aber happich irgendwatt davon gesacht, datt ich watt geschenkt haben will?«

»Nein, auch das hast du falsch ver …«

»Schluss jetz! Hab' die Faxen dicke. Ich lass' meine Kiste jetz genau hier stehen und guck' mich selber ma um. Und wenn du mein Fighter auch nur anpacks, dann gnade dir Gott.«

»So solltest du nicht reden.«

»Olle, ich meinet ernst. Lass die Finger von meine Karre. Datt Ding is mir heilich. Hasse datt jetz geknipst oder mussich mich noch deutlicher ausdrücken?«

»Ich finde deinen Ton völlig deplaziert. Außerdem sehe ich dich auf dem falschen Weg, wenn du solch ein Ding zu deinem Götzen machst.«

»Watt? Den Typ kenn' ich nich ma! Und jetz geh mir vom Acker und such dir 'nen andern, den du zulullen kannst.«

»Ich wünsche dir trotz allem, dass du dieses Treffen auch nutzt, um deine Schwächen zu erkennen.«

»Schwächen?! Hasse da gerade watt von Schwächen gesacht? Hömma, Keule, ich hab' allein sechs Mille nur in Motor und Fahrwerk gesteckt und die Lackierung hat mehr Schichten als du Haare. An dem Bock is einfach allet gepimpt, verstehse? Also erzähl mir nix von Schwächen.«

»Ich spreche nicht von deinem Motorrad, ich spreche von dir, von deinen Schwächen. Ich bin sicher, hinter deiner Aggressivität steckt nur die Angst, dir selber zu begegnen. Du musst einfach mal andere an dich ranlassen.«

»Getz weiß ich, watt mit dir los is: Du bis schwul!! Datt isset! Schreib dir datt hinter deine abstehenden Ohren: Für mich gilt dattselbe wie für meinen Fighter, also Finger wech! Nix mit ranlassen, klar? Boh, samma, wo bin ich hier denn hingeraten? Gippet hier noch mehr von deine Sorte?«

»Ich verstehe deine Frage nicht. Jeder ist bei uns herzlich eingeladen, auch du. Doch natürlich treffen sich hier überwiegend Gleichgesinnte. Wir sind eine große Gemeinschaft, aber wie gesagt, auch du bist willkommen. Wie heißt du überhaupt?«

»Sag' Meister zu mir. Und datt waret jetz auch mit uns beiden. Also, datt is schon jetz datt bescheurtste B-M-B-Meeting, bei dem ich je gewesen bin.«

»Wovon sprichst du? Welches Meeting?«

»Na, B-M-B: Bier-Möpse-Burnouts … is doch jedet Jahr.«

»Das war hier letzte Woche, wir feiern heute unseren Motorrad-Gottesdienst.«

»Ach du heilige Scheiße …«

Instinktuition

Manchmal agiert man auf dem Motorrad wie ferngesteuert. Den eigentlichen Ursachen für dieses unbewusste Handeln auf den Grund zu gehen, ist allerdings nicht immer leicht …

»Mannomann, vorhin hat mich wirklich nur meine Intuition gerettet.«

»Was meinst du?«

»In der engen Rechtskurve hinter der Talsperre, meiner Hauskurve. Da nehm' ich sonst nie Gas weg, nie! Da bügel ich immer mit offenem Hahn durch, kenn' da doch jedes Granulat im Asphalt persönlich und weiß genau, wo …«

»Ist ja gut, ist ja gut! Was war denn in dieser Kurve, erzähl' schon!«

»Ein Reh! Mitten auf der Ideallinie. Steht blöd rum und glotzt mich an.«

»Weia. Aber offensichtlich bis du ja dran vorbeigekommen. Schwein gehabt!«

»Von wegen Schwein. Ich wusste schon vorher, dass es dort steht.«

»Wie – vorher?«

»Naja, ich wusste nicht konkret, dass da ein Reh steht, aber ich habe geahnt, dass da hinter der Ecke etwas lauert – ein Mensch, ein Tier, eine Kühl-Gefrier-Kombination, was auch immer. Ich war vorbereitet, verstehst du? Als hätte mir eine innre Stimme zugeflüstert: Mach langsam! Brems ab! Reine Intuition.«

»Das hat mit Intuition nix zu tun! Überleg' doch mal: Du hattest keine reflektierte Kontrolle über dein Handeln, dennoch hat dich ein sicheres Gefühl geleitet – und das nennt man Instinkt.«

»Blödsinn! Das war eine Eingebung; ich wusste vorher, was kommt. Und das ist definitiv Intuition. Ein Instinkt ist ein angeborenes Verhalten, die Intuition wächst aus den Erfahrungen, die man gemacht hat. Und ich glaube einfach nicht, dass es angeboren ist, mit orientierungslosem Schalenwild auf der Ideallinie zu rechnen.«

»Du irrst. Schon Darwin hat Instinkthandlungen als Verhaltensweisen definiert, die ohne jede Vor-Erfahrung schon beim erstmaligen Ausführen beherrscht werden. Wie oft hattest du schon ein Reh auf der Ideallinie?«

»Wer – ich? Noch nie.«

»Darwin – sag' ich doch. Du warst von deinem Instinkt gesteuert.«

»Aber so kannst du das doch nicht sehen! Ich habe spontan die Logik der Gegebenheiten mit früheren Erfahrungen verknüpft, woraufhin sich mein

gesunder Menschenverstand zu Wort gemeldet hat, rein intuitiv, quasi aus dem Bauch heraus.«

»Soso, quasi.«

»Genau, quasi.«

»Ich bleibe dabei, dass dich dein Instinkt gerettet hat. Die Fähigkeit nämlich, sich so zu verhalten, dass gewisse Ziele erreicht werden, ohne diese Ziele zu kennen und ohne vorherige Erziehung oder Erfahrung. Dein unbewusstes Ziel war es, auf dem Bock nicht in den Bock zu fahren.«

»Instinkt, Intuition … vielleicht ist das eh alles nur Humbug. Möglicherweise war es ja auch einfach nur ein glücklicher Zufall, dass ich abgebremst habe. Vielleicht musste ich in dem Moment sauer aufstoßen oder kurz an etwas Blödes denken, oder was auch immer …«

»Glückliche Zufälle gibt es nicht, wenn man sie nicht erzwingt. Nichts passiert einfach nur so. Ich denke, alles hängt miteinander zusammen.«

»Alles?«

»Alles.«

»Kann ich das bitte erklärt bekommen?«

»Als wir los gefahren sind, weißt du noch?«

»Was?«

»Der Motor lief schon, da fällt dir ein, dass du noch mal pinkeln musst – wie eigentlich immer.«

»Na und?«

»Deshalb sind wir nicht in dem Moment losgefahren, sondern erst drei, vier Minuten später. Soll heißen, hättest du nicht deinem Pullertrieb nachgegeben, wärest du ein paar Minuten früher durch deine Hauskurve geflogen und dann hätte da bestimmt noch kein Reh gestanden.«

»Verstehe – aber was hat das mit Instinkt oder Intuition zu tun?«

»Gar nix. Das soll nur heißen, dass im Endeffekt sowieso alles triebgesteuert ist.«

»Kann es sein, dass du von deiner Argumentations-Ideallinie jetzt im rechten Winkel abgebogen bist? Außerdem ist Harndrang kein Trieb, sondern ein Reiz. Ein Trieb ist die psychische Repräsentanz einer kontinuierlich fließenden, innersomatischen Reizquelle. Der Reiz hingegen wird durch vereinzelte von außen einwirkende Erregungen erzeugt. In dem Fall waren die drei Pötte Kaffee in der Werkstatt die einwirkende Erregung.«

»Tatsächlich?«

»Jep. Wobei ich noch gar keinen Druck hatte. Aber mir fiel auf einmal ein, dass er sicher bald kommen wird, der Druck. Ich habe also de facto intuitiv präventiv gepinkelt.«

»Interessant. Dann hat dich deine Intuition in eine Situation gebracht, aus der dich dein Instinkt wieder gerettet hat.«

»Pass auf, mir wird das jetzt zu schwurbelig. Vielleicht einigen wir uns darauf, dass der Instinkt und auch die Intuition erst dann zur wahren Erkenntnis werden können, wenn sie die Analyse und Reflexion der Intelligenz in Anspruch nehmen. Sonst verstummen sie beide in der Innerlichkeit des bloßen Fühlens.«

»Äääh … ja, so was in der Art wollte ich auch gerade sagen. Doch einen Einspruch hätte ich: Du meintest doch gerade bestimmt nicht die Intelligenz, sondern den Intellekt – hab' ich nicht recht …?«

Weltenbummler

Charakterstark, tolerant, furchtlos, ein Freund der Menschen – so stellt man sich den idealen Globetrotter vor. Das Bild stimmt auch im Großen und Ganzen. Aber es gibt auch Exemplare, da weiß man einfach nicht …

»Wir machen demnächst eine Indien-Tour, auf den Spuren von Harrer.«

»Harrer? Heinrich Harrer? War der nicht in Tibet?«

»Er war auch in Indien. In englischer Gefangenschaft. Ist dann geflüchtet. Von Dehra Dun nach Lhasa. Den Weg nehmen wir auch. Gewaltige Pässe, ewige Anstiege … Keine Ahnung, ob wir da wirklich rüber kommen.«

»Nee, also Indien reizt mich nicht mehr, war wohl schon zu oft da. Außerdem fahre ich einen Weg nicht, weil ein anderer ihn schon mal gegangen ist. Claudia und ich machen Zaire. Ruwenzori-Gebirge und so, weißt schon. Da waren noch nicht viele.«

»Aber da war Harrer doch auch!«

»Quatsch …«

»Aber sicher! Um '70 rum muss das gewesen sein. Harrer. Im Ruwenzori. Ganz sicher.«

»Na und? Was heißt das schon? Der war doch überall. Interessiert mich nicht. Ich plane meine Reisen selber.«

»Schon gut, schon gut.«

»Zaire soll eh nur eine Vorbereitung sein für unsere Umrundung. Claudia will ihre Off-Road-Fähigkeiten verbessern.«

»In Zaire? Wieso denn in Zaire?«

»Wieso denn nicht?«

»Öhm, … weil man … das doch … auch hier … also, … naja, ich freu' mich jedenfalls auf Indien. Normalerweise fahren wir auch nicht die Reisen von anderen nach, aber in dem Fall war es ja auch keine Reise, es war eine Flucht. 21 Monate, das muss man sich mal vorstellen. 21 Monate lang sind die geflüchtet und haben dabei mehr als fünfzig Fünftausender überwunden. Unvorstellbar.«

»Wenn die richtigen hinter mir her sind, schaff' ich das auch. Und den Weg wollt ihr jetzt mit dem Motorrad machen? Wie soll'n das gehen?«

»Etwa drei Viertel der Strecke können wir fahren. Den Rest machen wir mit Mulis, Yaks, Sherpas und so.«

»Und die Motorräder?«

»Sag' ich doch: Mulis, Yaks und Sherpas.«

»Wie, die wollt ihr dann tagelang über die Pässe schleppen?«

»Nein, natürlich nicht.«

»Aber wie denn sonst?»

»Es dauert nicht Tage, sondern Wochen. Und wir lassen schleppen.«

»Sag' mal, könnte die Idee, diese Tour mit dem Motorrad zu machen, nicht vielleicht ein wenig … wie soll ich sagen … grenzwertig sein? Wie viele Sherpas braucht ihr denn da allein?«

»Manchmal 20, manchmal 40.«

»Und wie viele Tiere?«

»Ungefähr die Hälfte.«

»Mit wie vielen Leuten insgesamt war Harrer unterwegs?«

»Mit seinem Kumpel, sie waren zu zweit.«

»Weißt du jetzt, was ich meine? Hätte Harrer ein Motorrad gehabt, glaubst du nicht auch, er hätte möglicherweise einen anderen Weg genommen?«

»Das spielt für mich überhaupt keine Rolle. Ich will einfach nur die Schauplätze mit eigenen Augen sehen, um so die Dimension dieser Flucht auch wirklich zu begreifen.«

»Das wird dir gelingen, da bin ich ganz sicher. Keine Sorge. Du wirst an nichts anderes denken.«

»Als an was?«

»An Flucht.«

»Na also.«

»Tolle Planung, so gesehen.«

»Danke.«

»Und sonst? Gibt's weitere Pläne?«

»Nicht wirklich. Erst mal sehen, wie lange Indien dauert.«

»Na bei dem Weg – da musste schon mindestens … wenn nicht … sieben Monate rechnen, oder?«

»Ich denke, ein Jahr, ich bin ja nicht wirklich auf der Flucht.«

»Wart's ab. Aber was ganz anderes: Hast du mal wieder was von Francis gehört?«

»Welchem Francis jetzt?«

»Wie viele Francis' kennst du denn?«

»Na erst mal Francis aus Tamanrasset, der blinde Schmied, wo wir alle erst

dachten, der hatse nicht mehr alle. Und dann hat er meine Kette so genial geflickt, dass sie erst mitten im Hoggar gerissen ist. Dem schicke ich immer noch Fotos von unseren Reisen. Dann …«

»Das ist nicht dein Ernst: Du schickst einem blinden Schmied Fotos?«

»Ich schicke sie seiner Mutter, die beschreibt sie ihm dann.«

»Wäre es nicht vielleicht schlauer, ihm Briefe zu schreiben?«

»Er ist blind, wie soll er sie lesen?«

»Aber seine Mutter …«

»… kann nicht lesen.«

»Dann ist das mit den Fotos ja gar nicht mal so dumm …«

»Eben. Dann jedenfalls noch Francis aus Quebec, bei dem ich wochenlang gewohnt habe, weil sein bekloppter Kampfhund mein Zelt zerfetzt und mein ganzes Geld gefressen hatte. Noch tagelang habe ich seine Kacke getrocknet – also die von dem Hund – bis ich sicher war, dass das blöde Mistvieh den ganzen Schotter tatsächlich verdaut hatte. 15.000 Dollar! Hast du schon mal heulend Hundekacke gebröselt?«

»Sach’ ma … du erzählst mir hier doch jetzt einen vom Pferd!«

»Es war ein Hund. Womit wir auch schon beim dritten Francis wären, nämlich dem aus Goa. Aber den kennst du ja gar nicht, fällt mir gerade ein, weil du nie in Goa warst.«

»Da bin ich auch schon fast stolz drauf. Wüsste auch wirklich nicht, was ich ausgerechnet da sollte.«

»Is‘ aber ziemlich schön da.«

»Was soll da schön sein, hä? Heerscharen von desorientierten Pillenschluckern, die sich das kümmerliche Resthirn aus der Birne tanzen – Party-Piepels, denen du zu jeder Tageszeit die Augen mit der Latte abschlagen kannst. Was soll ich mit denen anfangen?«

»Erstens ist das gar nicht mehr so, und zweitens fand ich damals drei, vier Monate abhängen und Spaß haben auch nicht so wirklich schlimm.«

»Wie, so’n Bullshit hast du wirklich mal gemacht?«

»Jo, ist aber locker 25 Jahre her.«

»Dann warst du zu den schlimmsten Zeiten dort.«

»Kann man so sagen.«

»Und warum bist du dann wieder weg? Etliche sind da kleben geblieben und betteln sich seitdem durchs Leben, Hauptsache, alles easy. Ekelhaft.«

»Ein Streit war der Auslöser, ging ewig. Sie wollte mehr Spaß haben, nicht immer nur in der Hängematte liegen. Wollte auch mal unter Leute, tanzen, essen gehen und so'n Mist.«

»Und das gab Streit.«

»Und wie. Als sie mir dann sagte, sie werde mich verlassen, bin ich durchgedreht. Hatte sie schon am Hals, als plötzlich ein Typ an mir rüttelt und mich anschreit, ich solle sofort das Huhn loslassen.«

»Welches Huhn?!«

»Hab' ich irgendwie geahnt, dass du das jetzt fragst. Das kommt jetzt vielleicht komisch rüber, aber ich hatte über mehrere Wochen eine sehr intime Beziehung zu einem Huhn.«

»Du hast sie doch nicht mehr alle!«

»Das wurde mir dann auch schlagartig klar. Ein kurzer, lichter Moment. Bin sofort weg von Goa. Hab' nie wieder Drogen genommen.«

»Na, du kannst ja vielleicht Geschichten erzählen. Aber ich meinte keinen von all diesen Francissen. Ich meinte Francis aus Schottland, aus Glasgow, der damals in Pietermaritzburg stinkbesoffen neben deiner Maschine lag, weil er dachte, es ist seine. Und als du ihn dann geweckt hast, hat er sich vor Schreck in den Fuß geschossen, weil er auch noch gerade geträumt hatte, die Buren trinken seinen Tank leer.«

»Jau, den gibt's ja auch noch. Was treibt denn der jetzt?«

»Das in etwa hatte ich dich gerade gefragt.«

»Stimmt. Hab' aber auch nix gehört, wie auch? Man ist doch ständig unterwegs, wie soll man sich da erreichen?«

»Wie? Haste etwa immer noch keine eigene Page?«

»Internet? Geh' mir bloß weg. Brauch ich nicht. Alles totaler Quatsch.«

»Meine Seite ist jetzt seit fünf Monaten online.«

»Wie, echt? Du hast so was jetzt auch? Und was ist da drauf?«

»Beinahe alle Trips, die ich bis jetzt gemacht habe. Schon über 400.000 Zeichen Text und bald 2000 Fotos. Ein Anfang halt.«

»Und wie heißt deine Seite?«

»Weh-weh-weh-claudir-storys.com. Von wegen Claudia und Dirk.«

»Etwas unglücklich der Name, findste nicht?«

»Wieso?«

»Ach nichts, vergiss es. Und? Geht's dir jetzt besser, so mit eigener Seite?«

»Sagen wir mal, ich bekomme ein erstaunlich großes Feedback.«

»Von wem?«

»Von anderen Travellern, die sich meine Seite angucken. Viele wollen auch Tipps haben.«

»Und die gibste denen dann auch?«

»Klar, die normalen Sachen halt. Das Wichtige behalt ich schon für mich.«

»Und sonst?«

»Och, alles mögliche. Viele schicken Links zu ihren eigenen Reisen.«

»Und dann guckt ihr euch gegenseitig eure Reisen an? Na toll …«

»Eine einzige hab' ich mir bisher angesehen, Zaire – war ganz gut.«

»Ach, deshalb Zaire! Ich denke, du planst deine Reisen selbst?«

»Da hatte ich die Planung schon stehen, gerade deshalb interessierten mich ja die Bilder.«

»Soso … schon klar.«

»Sag mal, was soll denn dieser Unterton? Hä? Du kennst mich jetzt beinahe 20 Jahre. Bin ich einer, der seine Reiseplanungen irgendwo klaut?«

»Auf keinen Fall.«

»Na also.«

»Jedenfalls nicht generell.«

»Was soll 'n DAS heißen?«

»Komm', Alter, reg' dich ab. Aber du willst doch auch nicht behaupten, das unser Erlebnis damals auf Feuerland nicht gewisse Zweifel erlaubt!«

»Weiß nicht, wovon du redest …«

»Du weißt nicht, wovon ich rede? Als du oben am Pass auf dem Weg nach Ushuaia in das Loch gefahren bist und den gesamten Inhalt deiner Alukoffer auf dem Hang verteilt hast? In deiner Gabel war fast ein Knoten! Und du willst nicht wissen, wovon ich rede?«

»Dazu hab' ich dir schon x-mal was gesagt.«

»Wohl wahr. Aber ich glaube dir bis heute nicht, dass das Reisetagebuch von diesem Dänen, das ich in deine alten Unterhosen gewickelt im Gestrüpp gefunden habe und das wir – wie sich dann herausstellte – bis zu dem Tag detailliert nachgefahren sind, nur ein Geschenk für Luc sein sollte und du es selber nie gelesen hattest. Du hast demonstrativ noch zwei Stunden das Gelände abgesucht, um das Geschenkpapier zu finden, in das es angeblich eingewickelt war. Was haben wir gelacht.«

»Ich kann dich nicht zwingen, mir zu glauben, also denk', was du willst.«

»Naja, Schwamm drüber, war ja trotzdem geil, die Tour. Hab' ich dir auch schon x-mal gesagt. Bin übrigens bald wieder da, mein Sohn hat dort ein

Hotel für Snowboarder.«

»Du hast einen Sohn!? Seit wann denn das??«

»Seit Goa, besser gesagt, seit kurz danach.«

»WAS?«

»Nein, nicht von dem Huhn. Von Lotte.«

»Wer war Lotte? Eine Ziege?«

»Sie war Schwedin, hatte unglaubliche, geradezu monströse … na ja …«

»Was denn?«

»Ansichten. Sie glaubte, Ghandi sei ein CIA-Agent gewesen. Und Che Guevara eigentlich eine Frau.«

»Und warum hast du die Nervensäge nicht auf den Mond geschossen?«

»Wegen ihrer unglaublichen, geradezu monströsen …«

»Ich weiß, Ansichten.«

»Nein, Titten.«

»Okay …«

»Und die hat mir dann ein Jahr später ein Foto von Björnulv geschickt.«

»Ihrem Ikea-Regal?«

»Nein, unserm Sohn.«

»Oh, sorry … aber sag' mal: Du warst mal ein Hippie, hast einen Sohn … gibt's noch mehr, was ich wissen sollte? Bist du etwa auch verheiratet?«

»Nichts, was hier gelten würde.«

»Also du bist es.«

»Nicht wirklich.«

»Mit Lotte?«

»Nein, die kam ja aus der zivilisierten Welt.«

»Och nee, ne? Was kommt denn jetzt für 'ne Geschichte?«

»Wieso Geschichte? Du bist doch selbst ständig auf Achse und erlebst die dollsten Dinger. Und zu meiner Hochzeit: Es gab eine Zeremonie im Dschungel, aber die wird hier sicher nicht anerkannt.«

»Wieso nicht?«

»War ziemlich viel Blut im Spiel, und jede Menge Vogelfedern. Mehr kann ich nicht sagen.«

»Blut??«

»Nur von Viechern, dafür aber ohne Ende. Lass' uns jetzt das Thema wechseln.«

»Scheinst ja fast Angst zu haben, darüber zu reden.«

»Ich weiß, was diese Sippschaft mit ihren Opfern anstellt.«

»Nämlich?«

»Sie häuten sie bei lebendigem Leib, geradezu chirurgisch. Die Haut wird dann eine Mondphase lang von ihrem Priester wie ein Kostüm getragen – hast du das Bild vor Augen?«

»Ich glaube … ich kann mir sogar … den Gestank vorstellen.«

»Und das passiert mir auch, sollte ich je von ihren Ritualen sprechen. Und jedem, dem ich davon erzähle, geschieht das Gleiche.«

»Ein Fluch? Wow! Echt jetzt?«

»Echt.«

»Und du glaubst an sowas?!«

»Du etwa nicht?!«

»Äh … wie war das? Jeder, der dir zuhört …«

» … wird auch gehäutet.«

»Okay …, also … äähm … wie finds 'n du die neue KTM?«

»Welche?«

»Na welche wohl, die neue Dicke.«

»Ist das noch 'ne KTM?«

»Wie jetzt?«

»Endlos Hubraum, endlos PS, endlos Zentner, dazu der elektronische Overkill – was hat denn das mit KTM zu tun?«

»Also, Roland hat damit die Seidenstraße gemacht, war restlos begeistert.«

»Seidenstraße? Na, das passt ja.«

»Na komm. Wie lange willste denn noch auf deiner alten XT 'rumreiten? Findste nicht, die hat langsam mal ihr Gnadenbrot verdient?«

»Noch lange nicht, und wenn ich den achten Motor einbaue. Was machste denn mit deiner tollen Elektronik zwischen Kananga und Bujambura, wenn se mal nicht mehr will, deine Elektronik?«

»Die haben das Teil in Grund und Boden getestet, haben die richtig hart rangenommen – und nix war, jedenfalls nix Nennenswertes.«

»Meine Frage war: Was machst du zwischen Kananga und Bujambura?«

»Mir per Handy Ersatz nach Nairobi schicken lassen, feddich.«

»Und dann wochenlang warten und im Victoriasee baden, oder wie? Nee, ich hab's gern, wenn ich alles selber machen kann und die Teile dafür auch am Ende der Welt noch kriege.«

»Aber das ist doch ein Märchen. Du tust gerade so, als würde man an jeder

Palme eine XT-Werkstatt finden. Du stehst da mit deinem Alteisen genauso auf dem Schlauch, wenn was is.«

»Bei so 'ner einfachen Technik kannste immer was fummeln.«

»Ja, fummel du mal weiter. Das Teil ist Geschichte, zwar ein Meilenstein, aber inzwischen ein alter Eimer. Du musst mal umschalten.«

»Du willst mich doch nur wieder von deiner Gummikuh überzeugen, diesem High-Tech-Mops. Aber ich will kein Mopped mit abstehenden Ohren.«

»Okay, okay, fahr weiter historisch. Aber das wird dir die Sponsorensuche nicht erleichtern.«

»Geh' mir bloß weg mit Sponsoren, ich kann's bald nicht mehr hören. Irgendwann komm' ich auch mal ohne die aus und lass' mir dann nicht mehr reinquatschen.«

»Vielleicht suchst du dir immer die Falschen.«

»Das musst du gerade sagen. Du machst dich doch völlig zum Schergen. An deinem Bock ist doch kein Platz für Aufkleber mehr. Der einzige Weg, den du noch ohne Sponsor fährst, ist wahrscheinlich der zum Bäcker.«

»Falsch. Mit dem hab' ich einen Deal.«

»Du machst Witze.«

»Nö. Hier, guck' mal mein T-Shirt …«

»Was steht da … Offbroad?!«

»Genau. Ich überlasse ihm ein paar Fotos vom schönen Arsch der Welt, und mit denen bewirbt er sein Adventure-Gebäck.«

»Du nimmst mich doch auf den Arm … Offbroad??«

»Unter anderem. Der macht auch Grobstollen und Wellblechkuchen.«

»Hat der Typ Hefe im Hirn?«

»Ganz und gar nicht, dass Zeug verkauft sich wie blöde. Musst nur die richtige Werbung drum herum stricken. Sind doch alle irgendwie geil auf Ferne und Abenteuer. Schon beim Frühstück. Der will die Produktlinie jetzt sogar noch ausbauen.«

»Womit?«

»Spritzgepäck, Apfelsatteltaschen, Windkoffer und so.«

»Und dafür machst du jetzt Werbung?«

»Unter anderem.«

»Du bist dir echt für nix zu schade.«

»Komm, jetzt tu mal nicht so heilig. Darf ich dich an die Lachnummer mit dem Gaskocher erinnern, für den du deine Birne hingehalten hast? Schon die

Grundidee zu dem Teil war Kernschrott.«

»Ich fand den Ansatz erst mal nicht so schlecht, auch in der Ferne auf vier Flammen kochen zu können.«

»Tatsächlich? Ich hab' die Bilder in der Werbung gesehen, wie du dir mitten in einem Slum, umringt von Straßenkindern, ein Schweinekotelett mit Pfannengemüse und Kartoffelpüree zubereitet hast, auf der vierten Flamme hast du dir auch noch einen Schokoladenpudding gekocht. Dazu dann der Spruch: »Auch im finstersten Kalkutta kannst du Futtern wie bei Muttern«. Ich hatte nicht den leisesten Zweifel, dass du den Verstand verloren hast.«

»Okay, die Werbeagentur hat das Ding falsch platziert, aber die haben mir so viel Kohle für die paar Fotos gezahlt, das war mein halbes Reisebudget.«

»Ist ja gut, aber dann mach' du mich nicht wegen meiner Sponsoren an. Ohne die könnten wir nicht ständig auf Achse sein.«

»Also, es gibt ja auch Leute, die gehen arbeiten, leben immer ganz billig und legen so viel Geld wie möglich zur Seite, damit sie sich dann nach zwei, drei Jahren wieder für Monate auf die Reise machen können. Die haben überhaupt keine Sponsoren.«

»Das sind ja auch Amateure. Wär' das denn was für dich?«

»Was? Arbeiten? Hab' ich nicht gesagt.«

»Na also.«

»Trotzdem fänd' ich es gut, mal ohne Sponsoren auszukommen.«

»Mach 'ne Odenwald-Tour. Das wirste auch ohne hinkriegen.«

»Vielleicht mache ich es eines Tages wie Horstmann.«

»Wer ist Horstmann?«

»Der ist 1895 von Dortmund aus mit dem Fahrrad zu einer Weltumrundung gestartet und hatte zwei Hemden, drei Paar Socken, ein paar Ersatzteile und eine Flöte dabei, aber keinen Pfennig Geld in der Tasche. Kam dann nach zwei Jahren wieder zurück und war ruckzuck ein gemachter Mann.«

»Mensch, das ist mehr als hundert Jahre her! Heute würde der auch nix mehr reißen, auch nicht mit seiner Flöte. Fahr' heute ohne Kohle in Dortmund los und du kommst bis Wanne-Eickel.«

»Wanne … was?«

»Wanne-Eickel. Ich dachte, du kennst alle Wüsten der Erde …«

»Mach' du nur deine Witze. Irgendwann werd' ich keine Sponsoren mehr brauchen, wirst schon sehen … Aber mal was ganz Anderes: Wann wird denn hier eigentlich der Pokal übergeben?«

»Welcher?«

»Der für die weiteste Anfahrt.«

»Wieso interessiert dich das?«

»Na hör᾽ mal, ich komme gerade vom Nordkap, da stehen meine Chancen doch nicht schlecht.«

»Vergiss es. Jack ist auch da.«

»WAS!? Wo?«

»Weiß nicht, wo er gerade steckt, hab᾽ ihn aber heute morgen schon gesehen. So um neun hat er hier ᾽ne Runde gedreht und alle begrüßt. Aber dein Tipi war noch zu, wirst im Alter wohl zum Langschläfer.«

»Hör bloß auf, der Typ im Zelt neben mir, so᾽n Franzose, hat mich in den Wahnsinn getrieben.«

»Was war denn?«

»Ich hab᾽ ja sonst kein Problem mit Schnarchern, aber der Typ ist echt die Krönung. Der kann Töne machen … Ich hab᾽ erst gedacht, die kitzeln zu dritt einen besoffenen Asthmatiker ins Lachkoma. Könntest du pennen, wenn du das Gefühl hast, neben dir verendet gerade ein Ferkel?«

»Naja, hab᾽ oft genug neben dir geschlafen. So oder so kannste den Pokal vergessen. Jack ist immer noch unterwegs.«

»Wie lange jetzt schon?«

»Im neunten Jahr.«

»Und wo kommt er diesmal gerade her?«

»China, Mongolei, Russland … so die Ecke. Da hat dein Nordkap bestenfalls ᾽ne Chance auf den Pott für die weiteste Kaffeefahrt.«

»Der Typ hatse doch nicht mehr alle! Eine Reise ist nur dann eine Reise, wenn sie auch mal ein Ende hat. Sonst wäre jeder Gypsy ein Globetrotter.«

»Strenggenommen ist das doch auch so.«

»Aber ich kann doch nicht sagen: Bin vor neun Jahren in Sheffield losgefahren und immer noch unterwegs, meine Anfahrt dürfte deshalb wohl die längste sein. Das sollte ein Pokal für Leute sein, die ein Zuhause haben.«

»Findste?«

»Find᾽ ich.«

»Find᾽ ich nich᾽.«

»Find᾽ ich schon.«

»Gar nich᾽.«

»Wohl!«

»Sach' mal, warum bist du denn so scharf auf diesen blöden Pokal?«

»Der Pokal interessiert mich nicht, aber da hängt der Reifensponsor fürs ganze Jahr mit dran. Weißt du, wie viele Reifen ich im Jahr brauche?«

»Nö.«

»Ich auch nicht.«

»Echt? So viele?«

»Allerdings.«

»Dann ist das ja echt Pech für dich mit Jack. Vielleicht hat der ja 'ne Profil … haha …'ne Profilneurose … haha … guter Witz, verstehste?«

»Was für'n Witz?«

»Na diese Doppeldeutigkeit … Reifensponsor … Profilneurose …«

»Hä …??«

»Vergiss es. Du hast wirklich Chancen auf den Pokal für den dämlichsten Teilnehmer.«

»Echt? Gibt's den? Und was hängt da für ein Sponsor dran?«

»Garmin. Der Gewinner kriegt ein GPS-Gerät. Nach vier Wochen muss er dann in einer Prüfung nachweisen, dass er das Teil auch wirklich bedienen kann. Wenn nicht, nehmen sie ihm das Gerät wieder weg.«

»Warum denn das?«

»Weil sie sonst nicht länger damit werben könnten, dass auch der Dämlichste damit umgehen kann.«

»Verstehe.«

»Wirklich?«

»Aber GPS interessiert mich nicht. Ich reise nicht digital. In hundert Jahren nicht.«

»Hab' ich früher auch immer gesagt. Bis ich in der Gobi dann fünf Tage lang im Kreis gefahren bin, ich hab' gedacht, das ist mein sicheres Ende. Ging aber noch mal gut. Danach hat Claudia mich nie mehr ohne GPS fahren lassen.«

»Und? Ist mit besser als ohne?«

»Schon. In der Namib bin ich damit nur zwei Tage im Kreis gefahren.«

»Respekt!«

»Danke.«

»Aber für mich ist das trotzdem nix. Fänd' ich auch irgendwie unpassend, an eine alte Ténéré so'n Satelliten-Monstrum zu schrauben.«

»Stimmt. Ein Sextant wäre authentischer. Dazu Galileos Karte der Venusphasen, im Kopf das heliozentrische Weltbild von Kopernikus und im Leder-

rucksack ein Messingfernrohr. Wie viele Jahre bist du mit der Masche denn insgesamt im Kreis gefahren?«

»Noch nie! Verfahren habe ich mich überhaupt erst einmal, auf meiner allerersten Fahrt.«

»Wo sollte es hingehen?«

»Nach Kreta.«

»Und wo bist du gelandet?«

»Es wurde meine erste Umrundung.«

»Was?!? Wie konnte denn das passieren?!«

»Wir sind in Palermo aufs falsche Schiff geraten. War so'n Frachtpott, Überfahrt gegen Arbeit an Bord, weißt schon.«

»Aber das sind doch nur ein paar Stunden Fahrt, höchstens ein Tag. Was willste denn da an Bord arbeiten?«

»Wie gesagt, war meine erste Fahrt. Wir waren sicher etwas naiv.«

»Und wo seid ihr gelandet?«

»Also das erste Mal angelegt hat der Kahn auf Madagaskar.«

»Nein!!«

»Doch.«

»Und dann?«

»Sind wir von Bord gegangen.«

»Wieso? War das Wasser in den Fässern faul? Hattet ihr … bruha … die Pest an Bord?«

»Quatsch. Aber wir waren der letzte Dreck für die Mannschaft. Dabei waren die selber nur Molukken, auch der Käpt'n. Wir mussten da weg. Anderthalb Jahre später war ich dann wieder zuhause.«

»Anderhalb Jahre?!«

»Jau. Du glaubst nicht, was uns unterwegs alles passiert ist …«

»Wo seid ihr denn dann als nächstes hin?«

»Wir haben erst mal genug damit zu tun gehabt, herauszufinden, wo wir eigentlich sind. Die Molukken hatten uns gesagt, sie würden uns auf Sumatra von Bord lassen, und als wir dann an Land waren, haben wir das auch noch tagelang geglaubt.«

»Hör auf! Wie blöd muss man denn sein, um Sumatra mit Madagaskar zu verwechseln?«

»Wodurch unterscheiden die beiden sich denn auf Anhieb?«

»Naja, also … doch mal auf jeden Fall … durch … die, das … naja, also auf

den ersten Blick vor allem durch … hmpf.«

»Eben, du Klugscheißer. Du darfst außerdem nicht vergessen, dass ich bis dahin nur Urlaub in Tirol mit meinen Eltern kannte. Die Tour nach Kreta sollte quasi mein erstes Abenteuer werden. Denk doch mal 40 Jahre zurück! Da wurden die Gastarbeiter am Bahnhof noch mit neuen Mopeds begrüßt. Ich wusste nix von der Welt, außer dass sie rund ist. Kannst du dir vorstellen, wie mir die Düse ging? Das war mein Stahlbad.«

»Und dann?«

»Wir haben so lange im Hafen von Toamasina rumgelungert und auf ein Schiff nach Europa gewartet, bis es nicht mehr ging.«

»Wieso ging es nicht mehr?«

»Weil uns irgendwann klar wurde, dass es kein Schiff nach Europa geben wird. Also haben wir das nächste genommen, das uns an Bord nimmt.«

»Wohin?«

»Auckland.«

»Neuseeland??«

»So sieht's aus.«

»Interessante Variante, um nach Kreta zu reisen. Aber mach' es kurz: Wie seid ihr wieder nach Hause gekommen?«

»Achim gar nicht. Der sitzt heute noch da. Als wir in Auckland von Bord gingen, haben uns sofort die Bullen kassiert, weil wir keine Papiere hatten. Wir sahen allerdings auch aus wie Galeerensträflinge nach vier Fünfteln der Haftzeit. Bis die unsere Daten gecheckt hatten, sind Ewigkeiten vergangen. Die haben noch Trommler aufs Dach gestellt – so kam's mir jedenfalls vor. Die Zeit des Wartens hat für Achim jedenfalls gereicht, sich vollständig in die Schnecke von der Botschaft zu verknallen, die fast täglich bei uns war. Nach einer Woche haben die beiden schon von einer gemeinsamen Beamtenlaufbahn geträumt. Es wurde dann eine Blitzhochzeit und er durfte bleiben. Ich blieb ledig und durfte gehen. Nur bleiben durfte ich nicht.«

»Wie? Die haben dich ausgewiesen?«

»Die fanden meine Geschichte wohl nicht so gut. Dabei hab' ich einfach nur erzählt, wie es wirklich war, also dass ich eigentlich auf dem Weg von Deutschland nach Kreta bin. Mit dem Motorrad. Dass ich jetzt aber gerade von Madagaskar komme, allerdings dachte, es sei Sumatra. Die waren sich ziemlich schnell einig, dass ich nicht mehr alle Tassen im Schrank habe und steckten mich dann ruckzuck auf das nächste Schiff, das den Hafen verließ.

Und das fuhr nach Panama.«

»Sagenhaft. Und dann?«

»Blieb ich auf dem Pott, denn die nächste Ladung ging nach Rio und dort würde es leichter sein, ein Schiff nach Europa zu finden. Ich erwischte eines nach Rotterdam.«

»Wie hast du es denn immer wieder geschafft, ein Schiff zu finden, dass dich mitnimmt?«

»Ich konnte in der Zeit eine Kartoffel in drei Sekunden schälen.«

»Respekt! Und wie viele Kilometer hast du bei der ganzen Geschichte mit dem Motorrad gemacht?«

»Naja, eigentlich nur die Fahrt nach Palermo und dann die von Rotterdam wieder nach Hause.«

»Das sind doch höchstens 1500 Kilometer!«

»1600. Etwa hundert Kilometer hab' ich den Bock insgesamt durch irgendwelche Hafenanlagen geschoben.«

»Und wieso hast du für diese Odyssee anderthalb Jahre gebraucht? War'n auch Ruderboote dabei?«

»Quatsch. Auf den Schiffen war ich immer nur ein paar Wochen. Aber ich bin am Ende fast ein Jahr in Rotterdam geblieben.«

»Was hält einen so lange ausgerechnet in Rotterdam?«

»Hab' da ein Heuerbüro für Traveller aufgemacht, so 'ne Art Vermittlungsagentur für Schiffspassagen gegen Arbeit an Bord. Hatte ja genug Erfahrung.«

»Und davon konntest du leben?«

»Nö, nicht allein. Aber ich hatte ja auch noch FBI.«

»Was bitte hattest du?«

»FBI … – meinen Hund.«

»Du hattest einen Hund, der FBI hieß? Muss man das verstehen?«

»Ein ausgemusterter Drogensuchhund vom holländischen Zoll, deshalb der Name. Ich bin mit FBI abends immer die Strände abgegangen – besonders dort, wo ständig die Hippies rumhingen – und hab' die ganzen Krümel eingesammelt. Strandgut sozusagen. Du glaubst ja nicht, was da jeden Tag zusammenkam. FBI hat alles gefunden, selbst das kleinste Piece. Was ich fand, hab' ich dann hauptsächlich an deutsche Backpacker verkauft.«

»Wieso ausgerechnet an die?«

»Weil die immer ohne zu klagen das Doppelte gezahlt haben.«

»Ich seh' schon, du hast es immer verstanden, dich irgendwie durchzuschlagen.

Aber was mich jetzt doch mal interessieren würde: Zählst du diese Umrundung in deiner Vita eigentlich mit? War ja wohl eher ein Matrosenjob als eine Reise.«

»Umrundung ist Umrundung, und zumindest hatte ich das Motorrad ja immer dabei.«

»Das ist nicht dein Ernst …«

»Umrundung ist Umrundung.«

»Das heißt also, von den fünf Umrundungen, die du in deinem Briefkopf führst, war zumindest eine eigentlich eine Kreuzfahrt.«

»Wieso zumindest?«

»Na wenn ich das so höre … Ich weiß doch nicht, wie die anderen zu Stande gekommen sind. Wir sind zwar immer wieder mal gemeinsam gereist, aber ich war bei keiner deiner Umrundungen dabei. Bist du viel geflogen?«

»Pass auf, was du sagst, auch wenn du ein Kumpel bist. Aber das geht jetzt an die Ehre.«

»Na hör' mal: Hängst wochenlang auf Frachtpötten rum, die meiste Zeit Kartoffeln schälend unterhalb der Wasserlinie, bleibst dann ein Jahr in Rotterdam, kommst irgendwann wieder und nennst das dann Umrundung. Ich bitte dich.«

»Na und? Es gibt Leute, die lassen sich für 60.000 Dollar am Seil auf den Everest ziehen und behaupten dann, sie hätten ihn bestiegen. Du kannst inzwischen für 20.000 Euro eine Weltumrundung mit dem Motorrad als geführte Tour buchen. Ich hingegen bin auf eigene Faust gereist, hatte praktisch kein Geld und keinerlei Erfahrung. Ich hatte Gepäck für drei Wochen dabei und blieb anderthalb Jahre.

Eine Reiseversicherung war damals Science-Fiction. Handys gab's nur im Raumschiff Orion, und das Internet war zu der Zeit bestenfalls eine Schnapsidee aus den Büchern von Asimov. Mir sind Menschen aus aller Welt begegnet, von denen ich viel gelernt habe.

Und umgekehrt. Ich weiß jetzt, dass die schönsten Frauen in Brasilien meistens Männer sind. Ich kann auf austronesisch illegale Verkaufsgespräche führen und einen Hund so braten, dass sie mir in China dafür eine eigene Kochsendung geben würden. Ich habe Negritos den Bauernskat beigebracht und am Ende sogar gegen die verloren! Es gibt jetzt Molukken, die wissen, wie man Reibekuchen macht – die betteln wahrscheinlich bis heute noch um Rübenkraut. Ich habe auf dieser Reise Dinge erlebt und Erfahrungen gemacht, die für drei Weltreisen reichen würden. Warum sollte ich die Umrundung nicht zählen?«

»Weil's nicht sauber ist.«

»Ich glaub', du bist nicht ganz sauber. Lass' uns das Thema wechseln.«

»Also irgendwie steckst du voller Widersprüche. Einerseits bist du der überzeugte Purist und legst jedem anderen gegenüber sehr strenge Maßstäbe an, andererseits siehst du das bei dir selber immer eher locker. Mit Frachtschiffen um die Welt, also wirklich …«

»Was willst du denn? Hä? Was soll das? Was ist denn deiner Meinung nach das Wesen des Reisens? Ist es nicht vor allem das Unterwegssein? Sind es nicht die Begegnungen mit fremden Menschen und Kulturen? Ist es nicht auch das Sich-treiben-lassen, das Sich-einlassen-auf? Oder bedeutet Reisen für dich nur Kartenstudium und Kilometerfresserei? Bloß immer weiter knüppeln, damit du nur ja die Etappe auch schaffst und den Reiseplan einhältst. Menschen? Kulturen? Bitteschön, nur aufhalten sollen sie dich nicht. Siehst du das wirklich so?«

»Jetzt komm' mal wieder runter von dem Bänkchen und reg' dich ab. Zähl' deine Kahnpartie von mir aus doppelt, eigentlich interessiert es mich gar nicht, wie oft du den Planeten schon umkreist hast und womit. Nimm beim nächsten Mal einen Aufsitzmäher oder ein Regenfass. Es ist mir wurscht! Nur reg' dich ab. Hol' dir einen Yogi-Tee und entspann dich.«

»Vielleicht sollten wir beide einen nehmen?«

»Vielleicht.«

»Dass wir aber auch immer wieder so aneinander geraten müssen, obwohl wir uns schon so lange kennen … Wie lange eigentlich schon?«

»Seit '74. Das Endspiel. Auf Aruba. Die Bar in Oranjestad. Der Fußball führte uns beide vor den gleichen Fernseher.«

»Stimmt … die Inseln unter dem Winde … la isla feliz … Mensch, ist das lange her – das sind ja schon über 40 Jahre.«

»Und trotzdem weiß ich es noch wie heute, wie wir damals mit den andern Gästen aus der Bar gemeinsam den deutschen Sieg gefeiert haben. Die waren völlig aus dem Häuschen, dass ihre Kolonialherren einen übern Sack gekriegt haben. Hast du die Fotos eigentlich noch? Du hattest doch damals diese alte Schraubleica und hast Bilder geschossen.«

»Ich hab' nicht nur die Bilder, ich hab' auch noch die Leica.«

»In der Vitrine wahrscheinlich, ist ja mittlerweile ein Relikt aus den Anfängen der Fotografie.«

»Wovon redest du? Ich habe bis heute keine andere Kamera.«

»Das glaub' ich nicht! Du fotografierst noch immer mit dem Oldtimer?«

»Warum nicht? Die ist von 1941, da dachte man noch in langen Zeiträumen. Die Optik ist unschlagbar, das Gehäuse war eines der ersten aus Spritzguss und einen Selbstauslöser hat sie auch. Perfekte Reisekamera.«

»Aber das ganze Equipment, … die Filme, die Blitzausrüstung, da ist doch mindestens ein Alukoffer schon voll mit dem ganzen Fotogelumpe.«

»Und …?«

»Wie, und? Das kannst du doch heute alles viel kompakter, kleiner, und auch noch besser haben.«

»Du meinst digital?«

»Natürlich meine ich digital.«

»Das hat mit Fotografieren nix zu tun. Das ist reine Bilderfickerei.«

»Wie bitte? Was ist das?!«

»Bilderfickerei.«

»Wie meinste denn das?«

»Wenn ich einen schönen Platz entdecke, dann lass ich mich ganz und gar auf diesen Ort ein, bevor ich ein Foto mache. Auf Zelluloid. Wohlgemerkt: Ein Foto. Nicht zwei. Oder gar drei. Eines. In Ruhe und mit Muße. Das reicht völlig. Wenn einer mit 'ner Digitalkamera an demselben Platz auftaucht, hat der nach zehn Minuten 50 Bilder geschossen und dabei mehr auf sein Display als auf die Landschaft geguckt. Zuhause merkt er dann, dass alle 50 scheiße sind – Bilderfickerei eben.«

»Kann es sein, dass deine Ansichten in diesem Punkt etwas extrem sind?«

»Im Gegenteil. Diese Digitalmutanten fotografieren doch alles in Grund und Boden. Früher gab es noch Reiseerzählungen in den Magazinen, die waren illustriert, ohne ein einziges Foto. Da ließ der Text die Bilder im Kopf entstehen, da war noch Platz für Phantasie. Heute erstickt alles in Bildern, Bildern, Bildern, und egal, wo du hinkommst, du hast alles irgendwie schon mal gesehen. Damals hatten meistens nur die Leute eine Fotoausrüstung, die auch etwas damit anfangen konnten. Heutzutage hat jeder Depp irgend so'n digitales Mistding und fotografiert, bis der Chip qualmt. Die Landschaften der Erde sind inzwischen alle förmlich flachfotografiert, hemmungslos plattge-knipst, geradezu abgenutzt – in Grund und Boden geschossen. Deshalb sag' ich: Bilderfickerei.«

»Aha … ähm … ich lass das jetzt besser einfach mal so stehen. Auch wenn ich das alles ganz anders sehe.«

»Schon wieder?«

»Allerdings.«

»Na ja, scheinbar haben wir uns in der langen Zeit irgendwie auseinanderentwickelt. Manchmal kenne ich dich nicht wieder. Du stürzt dich doch auf jeden neuen Mist, den sie dir unter die Nase halten. Internet, GPS, High-Tech-Moppeds, die ganze schmutzige Palette.«

»Ich entwickle mich weiter und gehe mit der Zeit, ist das nicht normal?«

»Normal? Was bedeutet denn noch normal? Ist doch alles aus den Fugen geraten, gibt doch nix Normales mehr. Wenn man etwas normal nennen will, braucht man ja so was wie einen Maßstab, wo normal dann etwa in der Mitte liegt. Wüsstest du heutzutage noch irgendwas von einem Maßstab?

Gibt doch keinen mehr! Heute kannste nackend auf Pumps nach Gibraltar hüpfen – du wirst viele finden, die dann sagen: Na und? Haben wir erst letztes Jahr mit den Kindern gemacht. War schön. Aber irgendwie eintönig, nicht? Wenn du heute etwas wirklich Neues entdecken willst, musst du irgendwie sehen, dass du dein Mopped mit auf den nächsten Mondflug kriegst. Auf der Erde jedenfalls sind alle Wege tausendfach befahren, zum Teil von Leuten, die nicht mal unfallfrei eine Schleife binden können. Mich kotzt das alles nur noch an. Und dann dieser ganze Bits- und Bytes-Dreck. Alles nur noch flach, flach, flach. Ohne Tiefgang, ohne Philosophie. So …«

»Sag‘ mal, willst du dich nicht vielleicht besser einen Moment hinlegen? Hast du einen Anfall?«

»Verarsch mich jetzt bloß nicht. Ich bin echt sauer. Vor allem, weil sich die wenigen Freunde, die man in der Szene überhaupt hat, nach und nach als Blindgänger entpuppen.«

»Jetzt mach‘ aber mal ’nen Punkt! Ich hab’ mir in der letzten Stunde echt einiges von dir anhören müssen, aber jetzt ist auch gut – ist das klar? Sonst kannste dein Windlicht zutexten.«

»Okay, den Blindgänger nehme ich zurück. Frustriert bin ich trotzdem.«

»Na und? Sind wir das heutzutage nicht alle irgendwie? Wer sehenden Auges durch die Welt läuft, muss doch überwiegend frustriert sein, oder nicht? Klimawandel, Kriege, Armut – kennen wir doch alles. Und wir sehen uns das dann auch noch oft genug aus der Nähe an. Jeder weiß doch, wohin wir den Planeten steuern, scheinbar unbelehrbar. Das allein sorgt doch schon für eine ordentliche Portion Grundfrust. Nur geht da jeder anders mit um.«

»Find‘ ich ganz und gar nicht. Da gehen nämlich alle gleich mit um: Es wird

ignoriert. Der Meeresspiegel zum Beispiel: Er wird dramatisch ansteigen, wenn die Permafrostböden auftauen. Und das passiert nach einigen Klimamodellen bereits in recht wenigen Generationen.«

»Und? Ich denke, auch meine Urenkel werden Holland nicht vermissen.«

»Urenkel? Na, da vertu' dich mal nicht. Dass die Käsköppe auf die ersten erreichbaren Berge flüchten, erleben vielleicht sogar wir noch. Im Sauerland werden dann viele Einwohner Holzschuhe tragen. Wogende Tulpenfelder am Möhnesee und zur Bergischen Kaffeetafel werden Poffertjes zum Schwarzbrot gereicht. Wart's nur ab.«

»Es gibt aber auch Modelle, in denen das ganz anders aussieht. Außerdem wird mir das jetzt alles zu krude. Ich bin gekommen, um hier ein unterhaltsames Traveller-Fest zu feiern, nicht, um mit dir Weltuntergangsphantasien zu spinnen.«

»Ich wollte ja nur mal daran erinnern, dass Globetrotter auch einmal so etwas wie ein Ethos hatten, einen Auftrag.«

»Auftrag? Was denn für'n Auftrag?«

»Zum Beispiel die Welt zu erkunden und seinen Leuten davon zu erzählen. Für Verständigung zwischen den Kulturen sorgen, auch Botschaften zu transportieren.«

»Botschaften? Was denn für Botschaften?«

»Gute Botschaften natürlich.«

»Aha, gute Botschaften … hilf mir, ich komm' nicht drauf.«

»Na ja, zum Beispiel so etwas wie … wie … Weltoffenheit!«

»Weltoffenheit?!«

»Genau, Weltoffenheit. Sieh' dich doch einfach auch mal als Abgesandten deines Stammes. Das ist die Botschaft, die du in die Welt hinausträgst: Wir sind weltoffen.«

»Wer … wir?«

»Na wir … Deutschen zum Beispiel.«

»Sag' mal, wo schließen die dich denn immer weg, wenn du zuhause bist? Hörst du keine Zeitung, liest du kein Radio? Deutschland und weltoffen? Erzähl das irgendwo in Afrika den Ältesten im Kral und die lassen dich im Federkleidchen tanzen, mit nix drunter. Ihre Suche nach einem Dorfdeppen hat dann jedenfalls ein jähes Ende gefunden. Wenn ein armer Afrikaner den sehnlichen Wunsch hat, einmal in seinem Leben in einem richtigen Flugzeug zu sitzen, muss er nur in irgendeiner morschen Piroge den Weg zu uns überleben, was schwer genug ist. Dafür erfüllen wir ihm seinen Wunsch dann aber auch umgehend, das Ticket gibt's für lau. So weltoffen sind wir!«

»Ich kenne jede Menge Leute, die nicht so sind und nicht so handeln.«

»Na, dann grüß' die beiden mal schön von mir.«

»Sag' mal, jetzt bist du aber ganz schön negativ drauf, oder?«

»Pass auf: Ich reise, weil mir das Spaß macht. Wenn ich einen Auftrag dabei habe, dann hat das meist mit einem Sponsor zu tun, aber nichts mit einer Botschaft. Ich habe keine Botschaft. Ich suche manchmal eine, um mir irgendwo auf dem Globus dringende Papiere zu besorgen. Ich habe Geld. Und weil ich Geld hab', kann ich reisen. Wohin ich will, jedenfalls fast. Und das mach' ich, sonst nix. Und wenn mich einer fragt, wo ich herkomme, dann sag' ich: aus der Kälte. Die meisten verstehen das auf Anhieb und fragen dann auch nicht weiter. Und dann versuche ich, gemeinsam mit denen eine gute Zeit zu haben. Punkt.«

»Mein Gott, bist du oberflächlich. Da kann einem ja schlecht werden.«

»Hör zu: Ich bin immer gut mit dir ausgekommen. Wir haben manch gemeinsame Fahrt unternommen. Und das fand ich vor langer Zeit noch überwiegend interessant, auch, wenn es bisweilen mit dir nicht ganz einfach war, schon damals.«

»Was soll das heißen?«

»Ich meine deinen Schlichtheitswahn. Immer nur das Nötigste und so.«

»Na und? Ich bin immer zurecht gekommen.«

»Das mag dir so vorgekommen sein. Aber es war manchmal schon nervig, dich mit deiner Ausrüstung zu ertragen.«

»Interessant, was da plötzlich ans Tageslicht kommt. Sprich dich nur aus.«

»Ist doch wahr! Du machst dich immer sehr schnell über andere her, lebst selbst aber hinterm Mond. Mit deiner speckigen Wachsjacke und deinen handgezeichneten Karten bist du eine reisende Gedenkstätte. Dein Baumwollzelt würde kein laotischer Reisbauer mehr haben wollen, dein Mopped taugt bestenfalls noch zum Tuk-Tuk und deine Stiefel sahen wahrscheinlich schon so scheiße aus, als sie noch vor Stalingrad lagen. Ich kenne Leute, die haben mittlerweile Angst vor dem Fell auf deiner Sitzbank – sie behaupten steif und fest, es hätte nach ihnen geschnappt! Ich hätte dir die Gnade der deutlich früheren Geburt gewünscht, so etwa Ende des 18. Jahrhunderts. Da hättest du dich gut austoben können. Deine ganze Lebensphilosophie stammt aus einer Epoche, da haben die Menschen hier noch in Erdlöcher gekackt. Und das in

einer Zeit, in der dir jeder Wildhüter in Kenia zur Not mit der neuesten GPS-Software aushilft. Verstehst du, dass so was manchmal nervig sein kann?

»Ich überlege gerade, ob ich mir das noch länger anhören muss.«

»Du musst gar nix. Bin auch schon fertig. Sorry, aber das war überfällig.«

»Und? Geht's besser jetzt?«

»Bedeutend.«

»Fein. Kann ich jetzt auch mal was dazu sagen?«

»Bitte.«

»Es ist mir scheißegal, welchen optischen Gesamteindruck ich beim Reisen hinterlasse oder ob mein Outfit irgendjemanden stört. Ich stecke mein Geld lieber in Kilometer und Passagen als in schlechte Marketingwitze.«

»Was soll das sein?«

»Klimamembranen zum Beispiel. Einer der größten Marketingwitze überhaupt.«

»Du willst doch nicht ernsthaft abstreiten, dass die Klimamembran eine geniale Erfindung ist?«

»Ich sag' es nochmal: Ein Marketingwitz.«

»Na auf die Erklärung bin ich jetzt aber gespannt.«

»Eine ganz einfache: Warum soll ich eine Mörderkohle für diese Klamotten bezahlen, wenn ich mit einer einfachen Gummipelle auskomme?«

»Aber das kannst du doch nicht ernsthaft vergleichen!«

»Warum nicht?«

»Weil Klimamembranen doch viel mehr Funktionen bieten.«

»Auch unter Gummi bleib ich trocken. Und wenn der Regen vorbei ist, tropf ich nicht noch stundenlang vor mich hin. Wenn die Gummipelle mal ein Loch hat, kleb ich es zu. Wird so eine Kombi undicht, schmeißt du sie weg. Oder du ziehst ein Gummi drüber. Ich spare mir den Zwischenschritt und nehme gleich die Gummipelle. Und falle eben nicht auf diesen Marketingwitz herein.«

»Vergiss es, du bist ein hoffnungsloser Fall.«

»Dieses Kompliment kann ich ungefiltert zurückgeben. Du hast doch auch Jupiters Fahrt gelesen, richtig?«

»Natürlich. Sogar im englischen Original.«

»Hört, hört. Und? Glaubst du, Teds Reise wäre mit Klimamembran anders verlaufen?«

»Dann kannst du auch noch weiter zurückgehen, bis zu den Phöniziern von mir aus. Die sind auf ihren Schiffen sogar ohne Unterhosen ziemlich weit

rumgekommen.«

»Ich weiß …«

»Wie, du weißt …? Ach du lieber Himmel. Hab' ich etwa gerade dein intimstes Geheimnis aufgedeckt? Ist ja nur noch ekelhaft. Deshalb auch das lebende Fell …!«

»Ich könnte dir jetzt sehr plausibel und objektiv erklären, wo die Vorteile liegen, aber ich habe gar keine Lust mehr, dich noch weiter zu erhellen.«

»Lass das auch mal besser. Wir sollten uns darauf einigen, dass wir beide nicht mehr versuchen, den anderen zu verstehen oder zu bekehren. Jeder macht sein Ding und gut.«

»Und worüber sollen wir dann reden?«

»Tja …«

»Hmm …«

»Vielleicht übers Wetter?«

»Hmpf.«

»Tscha.«

»Hömma, ich seh' grad', dahinten geht Freddy, den hab' ich ja auch schon Jahre nicht mehr gesehen. Ich glaub', den krall' ich mir mal eben. Bist du nächstes Jahr auch wieder hier?«

»Mal sehen, wenn ich in der Nähe bin … Kann schon sein.«

»Na, dann sehen wir uns ja vielleicht. Ist doch schön, die alten Geschichten immer mal wieder aufzuwärmen.«

»Klar.«

»Wir werden's erleben.«

»Also mach's gut, und … Gute Fahrt, wo auch immer.«

»Selber.«

»Jojo …«

…

»Freddy! Ey, Freddy! Bleib' doch mal stehen.«

»Wenna! Mensch, alter Keiler, dich gibt's ja auch noch!«

»Will ich wohl meinen! Mensch, gut siehste aus, wie geht's dir denn so?«

»Kann nicht besser klagen. Und selber? Irgendwelche Pläne?«

»Wir machen demnächst eine Indien-Tour, auf den Spuren von Harrer.«

»Harrer? Heinrich Harrer? War der nicht in Tibet …?«

Harte Zeiten

Motorradverkäufer haben es verdammt nicht leicht heutzutage. Zumal die Kundschaft immer höhere Ansprüche stellt.

»Halloooho, ich suche ein Motorrad.«

»Na, da sind Sie ja bei uns richtig. An was hatten Sie denn gedacht?«

»Naja, ich bin jetzt seit gut 20 Jahren raus aus dem Thema, mein letztes Motorrad hatte ich während meines Studiums. Eine Garelli. Scharfes Teil.«

»Oha!«

»Bitte?«

»Ach, nichts.«

»Ich habe also nicht den blassesten Schimmer, dafür aber die zarte Hoffnung, Sie werden mir schon was empfehlen.«

»Gern. Da sollten wir aber erst mal herausfinden, in welchem Preisrahmen wir uns denn bewegen.«

»Dann machen wir beide das doch mal. Was muss man denn da anlegen?«

»Naja, von bis. Da ist nach oben beinahe keine Grenze gesetzt.«

»So teuer?«

»Nein! Es kommt darauf an, was Sie wollen.«

»Motorrad fahren.«

»Hatte ich so schon abgespeichert. Aber wie wollen Sie Motorrad fahren: Sportlich? Bequem? Wollen Sie reisen? Wollen Sie ins Gelände? Oder nur ein wenig mit ihrer Frau durch die Gegend bummeln?«

»Ich bin schwul.«

»Ach … na, dann …«

»Was dann?«

»Dann … ääh, dann stellt sich immer noch die Frage, welcher Motorradtyp denn nun der richtige für Sie ist.«

»Och, das weiß ich sehr genau: Groß und stark muss er sein. Leder, Nieten und Fransen tragen und natürlich einen möglichst dicken und harten …«

»Halt!! Kein Wort mehr! Ich meinte doch das Motorrad selber.«

»… Bizeps haben.«

»Himmel! Ich meine das Motorrad! Welcher Typ?!«

»Ach so. Tja, wie gesagt, wäre schön, wenn Sie mir da ein wenig weiterhelfen können. Welche Typen sind denn die interessantesten?«

»Naja, Sie als Anfänger …«

»Ich bin kein Anfänger. Während meines Studiums …«

»Ich weiß: hatten Sie eine Garelli.«

»Das haben Sie sich gemerkt?! Na, Sie sind mir aber ein Aufmerksamer.«

»Ja, hab‘ ich! Also Sie als Wiedereinsteiger …«

»Aufsteiger.«

»Äh … was?«

»Wiederaufsteiger. Oder steigen Sie in ein Motorrad ein?«

»So hab‘ ich das noch nie gesehen. So ist das … auch nicht gemeint.«

»Wie denn?«

»Können wir das jetzt nicht lassen? Wir waren bei der Frage stehengeblieben, welches Motorrad das Richtige ist.«

»Genau.«

»Also: Haben Sie's gern sportlich?«

»Aber auf jeden Fall.«

»Tatsächlich? Sind Sie sich da sicher?«

»Also da bin ich jetzt aber mal so was von sicher.«

»Das macht es schon mal leichter, da hab‘ ich ein paar sehr interessante Modelle für Sie. Womit wir wieder beim Preis sind. Vielleicht ein Beispiel?«

»Wo ich schon mal hier bin.«

»Diese 600er da vorne, eine Yamaha. Sehr sportlich, sehr ausgereift, sehr viel Zubehör, sehr chic – kostet 5800.«

»Sehr teuer.«

»Finden Sie?«

»Damals für meine Garelli hab‘ ich 300 Mark gezahlt.«

»Das sind übersetzt 150 Euro. Ist das etwa ihre Preisvorstellung?«

»Eigentlich habe ich überhaupt keine Vorstellung.«

»Aber 5800 ist ihnen zu teuer.«

»Sehr. Nicht zu.«

»Was …?«

»Ich sagte: Sehr teuer. Nicht zu teuer.«

»Ist das nicht dasselbe?«

»Stellen Sie sich mal einen großen Stein vor.«

»Was soll ich?«

»Einen Stein. Einen großen. Vorstellen.«

»Und? Weiter?«

»Jetzt heben Sie ihn hoch.«

»Was??«

»Haben Sie's mit den Ohren …? Sie sollen ihn hochheben. Im Geiste. Und wenn Sie ihn so gerade eben hochkriegen, dann ist es ein sehr schwerer Stein. Und was ist, wenn Sie es nicht schaffen?«

»Was nicht schaffen? Ihn hochzukriegen? Was soll dann sein?«

»Hach, wirklich gute Freunde werden wir zwei beiden dann aber nicht …, sorry, bleiben wir beim Stein: Wenn sie ihn … pffpff … wenn sie ihn also nicht hochkriegen, dann ist es ein zu schwerer Stein.«

»Hä …?«

»Sehr schwer – zu schwer – kapiert? Den Unterschied?«

»Ach so … also … das heißt, 5800 sind ihnen nicht zu teuer, wenn …«

»Wenn Sie ihn hoch kriegen! Pffuhuahhaa … tschulligung …, aber Sie haben damit angefangen. Vergessen Sie's. So oder so, ich will dieses Motorrad nicht. Das ist mir zu blau.«

»Zu blau??«

»Blau ist 'ne Jungsfarbe, die will ich nicht.«

»Was schwebt Ihnen denn vor?«

»Jedenfalls nichts Blaues. Haben Sie nicht etwas … etwas Pastelliges?«

»Höre ich da heraus, dass Ihnen die Farbe sehr wichtig ist?«

»Ich bitte Sie. Das ist doch wohl mit das Wichtigste überhaupt!«

»So, finden Sie? Welche Farbe gefällt Ihnen denn am besten?«

»Hach, das ist jetzt aber gemein, wo ich mich doch immer so schwer entscheiden kann. Aber warten Sie – dahinten, dieses warme Terracotta.«

»Terracotta?!? Was? Wo?«

»Na, dahinten – da, neben dem Lift.«

»Das ist unser Kaffeeautomat.«

»Tolle Farbe!«

»Himmel hilf. Ich meinte die Farbe von den Motorrädern!«

»Hmm … warten sie, tja … mein Gott, ist das alles bunt hier … also am ehesten dieses Orange hier, das wirkt so fruchtig, so frisch.«

»Eine KTM also.«

»Naja, zumindest die Farbe ist sehr schön.«

»Die gefällt ihnen? Hmm … Ich bezweifle, dass eine KTM das richtige Motorrad für sie ist. Ich fahre selbst eine, ist schon was sehr Spezielles.«

»Wieso?«

»Sehr schnell, sehr hart, beinahe ruppig.«

»Haaach, das ist genau das, was ich suche. Die nehm' ich.«

»Wollen Sie nicht wissen, was die kostet?«

»Egal, Geld spielt keine Rolle.«

»Aber eben sagten Sie doch noch …«

»Was sagte ich?«

»Egal. Nix. Wollen Sie nicht vorher eine Probefahrt machen?«

»Wieso? Ich geh' doch mal davon aus, dass alles funktioniert.«

»Natürlich funktioniert alles. Ich meine doch nur, Sie sollten vielleicht mal ausprobieren, ob Sie mit dem Motorrad auch zurechtkommen. Sie sind zum Beispiel nicht der Größte, das könnte schon Probleme geben.«

»Muss ich das jetzt verstehen?«

»Wir sprechen hier von einer Hard-Enduro.«

»Hart? Haach …«

»Moment. Das bedeutet unter anderem, dass dieses Motorrad sehr lange Federwege hat, und …«

»Warum das denn nur?«

»Damit es auch richtig derbe Schläge wegstecken kann und …«

»Haach …«

»… was ich sagen wollte: Das ist was für echte Kerle, die in hartes Gelände gehen und es da auch mal richtig krachen lassen. Die mit Dreck nur so um sich spritzen, durch Schlammlöcher pflügen und auch vor den tiefsten Furchen …«

»Haaach …«

»… nicht zurückschrecken.«

»Was ist? Mach' weiter!«

»Womit?«

»Egal … was können die Jungs noch, die damit fahren?«

»Wie, was die noch können …?«

»Och Mööönsch – dann erzähl das mit den Schlammlöchern und den Furchen noch mal. Aber etwas heiserer und schneller.«

»Sagen Sie mal, sind sie noch ganz bei Trost? Wollen Sie mich hier etwa anmachen? Ich habe Frau und Kin …«

»Komm', lass' es raus, du willst es doch auch …«

»Schluss jetzt!! Ich frage Sie hiermit zum letzten Mal: Wollen Sie dieses Motorrad wirklich kaufen? Wenn nicht, dann kann ich Ihnen hier und jetzt, glaub' ich, nicht mehr weiterhelfen!«

»Okay, okay … ich nehm's ja … ich nehm's ja! Ich dachte wirklich für einen Moment … naja, Schwämmchen drüber.«

»Also soll ich sie jetzt vom Ständer nehmen oder nicht?«

»Also doch!! Na, Du bist mir ja ein Heimlichtuer!«

»Nehmen Sie die Finger da weg! Hören Sie: Kaufen Sie dieses Motorrad oder lassen Sie's. Aber gehen Sie mir nicht an die Wäsche.«

»Schon gut, schon gut, ich spiel' Dein Spielchen ja mit. Aber vielleicht lässt Du mich auf Deiner harten Maschine ja mal mitreiten, wenn Du mal wieder durch den Schlamm pflügst.«

»Da kann man nicht drauf mitreiten, das ist eine Solomaschine.«

»Wie, solo?«

»Da ist kein Mitfahrer vorgesehen, dafür ist die Sitzbank nicht geeignet.«

»Nicht?!«

»Nein.«

»Dann will ich dieses Motorrad nicht, wer will schon immer allein sein?«

»Hören Sie zu. Ich denke, wir kommen hier und jetzt nicht wirklich weiter. Ich schlage vor, sie gehen nach Hause und überlegen sich noch einmal, was genau sie eigentlich wollen.«

»Gibt es dieses orangene Motorrad nicht auch für zwei Leute?«

»Doch, zum Beispiel die Adventure.«

»Adventure? Das klingt ja verwegen. Das klingt, als könne es mir richtig gut gefallen. Kannst Du mir die nicht mal zeigen?«

»Das geht jetzt gerade nicht, die Maschine ist gerade in der Werkstatt, da müssen wir erst vorn und hinten andere Gummis aufziehen.«

»Haaach, das ist ja nun wirklich das allerkleinste Problemchen. Vorn und hinten, wie spannend. Da helf' ich doch gern dabei.«

»Schluss jetzt! Ich tu' mir das nicht länger an. Wie ich schon sagte: Gehen Sie nach Hause und überlegen Sie sich, was Sie eigentlich wollen.«

»Und dann? Darf ich denn wiederkommen?«

»Aber sicher. Am besten an einem Dienstag. Da hab' ich immer frei.«

»Dienstags kann ich nicht, da bin ich den ganzen Tag in unserem SM-Arbeitskreis eingespannt.«

»Vielleicht können Sie sich ja trotzdem mal freimachen.«

»Haach, wie gern würd' ich das tun. Aber die Knoten sitzen immer so fest.«

»Wissen Sie was: Machen sie doch einfach, was sie wollen. Micha!! Michaaaa! Kannst Du den Kunden hier mal übernehmen? Ich muss jetzt mal … äähm … genau, Pause machen. Dringend … also, mein Herr, der Kollege wird gleich kommen.«

»Wie, das kannst Du ihm von hier aus ansehen …?«

Zielgruppen

Um ein Motorradmodell punktgenau an die Kundschaft zu bringen, müssen die Vermarkter ihre Zielgruppe immer vor Augen haben. Da wird dann mit allen Tricks gearbeitet …

»Was ist denn DAS?!!«

»Das ist eure Zielgruppe. Das Foto haben wir nach Angaben des Kunden erstellt, damit ihr seht, für wen ihr eure Werbetexte schreibt. So sieht eure Zielgruppe aus. Aber keine Angst, so etwas lebt wahrscheinlich nicht wirklich, wie immer bei den Vorstellungen unserer Kunden. Anyway … das ist unser Idealtypus, der Traumkunde, blabla. Hängt's euch an den Kühlschrank, damit ihr ihn nicht aus den Augen verliert.«

»Abort.«

»Wie bitte?«

»Wir hängen es aufs Agentur-Klo, da haben wir den längsten Blickkontakt. Hat die letzte interne Mediaanalyse ergeben, ist sogar empirisch gestützt.«

»Häng' es hin, wo du willst, von mir aus in den Besenschrank, wenn ihr euch dort häufiger aufhaltet. Bei euch Texterhirnen weiß man ja nie, wo ihr eure Inspiration findet.«

»Hör zu! Wenn dein kleines Kundenberaterhirn mir einfach mal klarer vermitteln würde, was der Kunde genau will und wie seine Zielgruppe tickt, könnte ich mit meinen Texten nicht nur besser zielen, sondern im Zweifelsfall auch noch treffen. Also halt' den Ball flach.«

»Was ist los, warum so unentspannt? Damit wir uns nicht mehr missverstehen, haben wir ja die Fotos eingeführt. Damit hat's ja bisher auch immer gut geklappt. Ihr müsst euch die Zielgruppe nicht mehr vorstellen, ihr seht sie vor euch.«

»Das ist nicht immer leicht, glaub' mir.«

»Wieso?«

»Wieso?! Ich sitz seit drei Monaten auf dem Etat von dem Motorradkunden und krieg' ständig neue Modelle und neue Idealtypen vor die Nase gesetzt. Das nimmt kein Ende. Denk' nur mal an die Anzeigenserie für dieses aufgepumpte Muscle-Bike neulich, dieses Ungetüm für Ungetüme. Hast du das Foto von dem Typen gesehen, der die Zielgruppe darstellt?«

»Gepimpt.«

»Was …?«

»Man sagt gepimpt, nicht gepumpt.«

»Gepimpt, gepumpt … Papperlapump, auf jeden Fall sah der Typ aus wie die personifizierte Offenbarung des Johannes. Allein sein Blick hätte die Amphibien zurück ins Meer getrieben.«

»Tja, der Klügere gibt nach, ha! Aber mal im Ernst, wenn du Probleme mit dieser Vorgehensweise hast, kannst du schon mal anfangen, die Stellenanzeigen zu checken. Du sollst mit deinen Texten den richtigen Leuten klarmachen, wofür sie ihr Geld auszugeben haben, nix sonst, kapiert? Ob du Tampons verkaufst, Stützstrümpfe, Pumpernickel oder Motorräder. Du musst mit deiner Zielgruppe leben.«

»Ist ja schon gut, aber jetzt guck' dir den Typen auf diesem Bild hier doch mal an. Das geht doch gar nicht mehr! Das ist keine Zielgruppe, das ist eine Persiflage, ich habe nur keine Ahnung, auf was.«

»Was stört dich?«

»Der sieht doch aus wie ein mundgeblasener Hobbit. Und diese Verwachsung da am Kopf, mein Gott, der Arme …«

»Das ist keine Verwachsung, das ist eine 35 Jahre alte Filz-Mütze, so wie die Zielgruppe sie gerne trägt. Steht hier jedenfalls so in der Bildbeschreibung.«

»Eine Mütze?! Du glaubst es nicht … Und was trägt der da für Klamotten, was soll das sein, eine Retro-Kombi?«

»Moment, hier steht's: Das ist eine aschgraue Breitcord-Hose mit ausgebeulter Kniepartie, stilsicher kombiniert mit einem speckigen Thermohemd mit aufgebügelten Ärmelschonern, die sich an den Rändern schon wieder lösen. Die Fellweste ist ein umgenähter Flokati mit applizierten Taschen aus alten Zeltplanen.«

»Gute Arbeit, man sieht die Protektoren gar nicht. Und die Stiefel? Hab' ja schon alles Mögliche gesehen auf diesen Motorrädern, aber warum trägt der da grüne Friedhofsvasen?«

»Hier steht, das sind Gummistiefel, allerdings drei Nummern zu groß, weil die Zielgruppe gern vier Paar Wollsocken übereinander trägt. Aber mal was ganz anderes, du bist jetzt, glaub' ich, irgendwie auf dem falschen …«

»Pass auf, ich kann diese Motorradköppe bald nicht mehr sehen, ob du das falsch findest oder nicht. Guck' dir allein dieses schrottige Mini-Motorrad an – was soll das darstellen? Und was hängt da hinten noch dran? Das ist doch ein schlechter Witz!«

»Nein, hier steht, es ist eine … warte … ah, hier: eine Zündapp-Zweigang-Automatik, stümperhaft mit der Dose in Hammerschlag-Blau lackiert, Luftdruck vorn und hinten auf 0,8 bar reduziert, Kurzwellen-Radio lenkermittig mit Einmachgummis fixiert, zwei überlange Rückspiegel aus dem Baumarkt und ein selbst geschweißter Hänger aus Vierkantstahl auf einer Kinderwagenachse, lackiert mit Mennige. Alles so echt wie nur eben möglich. So, wie die Zielgruppe es nun mal gern hat. Aber nochmal: Du bist auf dem falschen …«

»Erschütternd! Selbst wenn es solche Menschen gäbe, würde man ihnen denn wirklich Motorräder verkaufen? Ihr wollt mich doch verarschen, irgendwo hier ist 'ne versteckte Kamera, stimmt's?«

»Jetzt lass' mich doch endlich mal ausreden! Du bist auf dem falschen Trip! Kein Mensch hat gesagt, dass du diesem Typen ein Motorrad verkaufen sollst. Dieser Job ist nicht für den Motorradkunden, dieser Kunde ist in unserer Agentur ganz neu und verkauft was ganz anderes.«

»Ach. Nämlich was?«

»Angeln.«

Kleine Sterne

Wer sich ein neues Motorrad zulegt, wird stets bemüht sein, einen guten Preis auszuhandeln. Wer dabei allzu schnell an seine Grenzen stößt, braucht vielleicht nur etwas Beratung …

»Ähm … Moment mal, hier im Kaufvertrag steht jetzt eine Summe von 20.580 Euro. Wir hatten runde Zwanzig ausgemacht, dafür haben wir ewig gefeilscht! Oder hab' ich das nur geträumt?«

»Mitnichten, Sie wirkten auf mich recht wach. Für meinen Geschmack sogar etwas zu wach, muha. Deshalb haben sie mir für die Zwanzigtausend ja auch noch eine Kombi, einen Helm, die Zusatzscheinwerfer, die Sitzbankerhöhung, An- und Abmeldung, das Kennzeichen und einen vollen Tank abgepresst. Steht alles drin, schwarz auf weiß – hier unten, jeder Posten einzeln aufgeführt. Und das bei einem Listenpreis allein für das Motorrad von 19.950 Euro – ein Super-Angebot, würd' ich sagen. Mehr geht absolut nicht, da verdien' ich jetzt schon nichts mehr dran.«

»Und wo kommen dann die 580 Euro her?«

»Da müssen Sie nach ganz unten schauen. Das sind die Überführungskosten. Die fallen immer an.«

»Überführungskosten …?«

»Genau. Der kleine Stern hinter dem Preis. Das Motorrad muss ja irgendwie hierher kommen.«

»Ach, und das lassen Sie sich extra bezahlen? Wie krank ist das denn?«

»Nicht nur wir. Das ist bei jedem Motorradkauf so. Bei Autos übrigens auch.«

»Das macht es nicht besser. Aber mal im Ernst: Ich zahle Ihnen 20.000 Euro für ein neues Motorrad, und dann soll ich nochmal extra dafür bezahlen, dass ich es auch tatsächlich bekomme?«

»Das ist zwar stark tendenziös zusammengefasst, im Kern aber richtig.«

»Das ist nicht richtig, das ist dummdreist! Da können Sie so viele Sternchen dranmachen, wie Sie wollen. Das zahle ich im Leben nicht. Wie hoch sind denn die Überführungskosten für den Helm?«

»Wie bitte …? Den Helm? Für den Helm fallen solche Kosten doch gar nicht an.«

»Aha, der muss also nicht hierher überführt werden? Wird der bei ihnen im Keller hergestellt?«

»Natürlich nicht, aber …«

»Und wie teuer ist die Überführung bei der Kombi?«

»Also ich bitte Sie! Auch da gibt es solche Kosten nicht.«

»Eben. Warum dann beim Motorrad?«

»Nun ja, Sie werden doch wohl zugeben, dass ein Helm oder eine Kombi erheblich leichter zu transportieren ist als ein Motorrad. Die Kosten dafür sind marginal. Das macht bei einer Kombi vielleicht zehn, fünfzehn Euro aus. Nageln Sie mich nicht fest, aber so in etwa müsste das hinhauen.«

»Von mir aus. 15 von 800 machen bei der Kombi grob überschlagen rund zwei Prozent des Gesamtpreises aus. 580 von 20.000 sind prozentual auch nicht so viel mehr. Also: Wo ist da der Unterschied? Wieso wird das beim Motorrad extra berechnet, bei der Kombi aber nicht?«

»Entschuldigung, aber ich habe die Regeln nicht gemacht. Bei derart sperrigen Gütern werden die Frachtkosten halt extra berechnet.«

»Also, mein Nachbar hat sich neulich einen neuen Fernseher liefern lassen, ein Mörderteil, absolut kinotauglich. Von Überführungskosten war dabei definitiv nicht die Rede, die haben ihm das Ding sogar noch kostenlos nach Hause geliefert, mit zwei Mann in den zweiten Stock geschleppt und angeschlossen. Und mal ganz davon ab: Ich weiß sicher, dass es verboten ist, mit Preisen zu werben, die nicht alle Kosten enthalten. Fragen Sie mal die Fluggesellschaften.«

»Wieso, da ist doch schon der Grundpreis für die Überführung, … bruha, kleiner Scherz.«

»Sehr komisch … – was ist denn, wenn ich das Motorrad selbst abhole?«

»Das geht nicht.«

»Klar geht das. Hat mein Schwager neulich gemacht. Hat sich sein neues Auto direkt im Werk abgeholt.«

»Bei einigen Pkw-Herstellern geht das, bei Motorrädern gibt es dieses Angebot nicht. Außerdem ist auch das nicht kostenlos.«

»Der hat nix für den Transport bezahlt, ganz sicher nicht.«

»Aber Bereitstellungskosten.«

»Bereit- … was?«

»Bereitstellungskosten. Für Endmontage, Putzen, Polieren, Übergabeinspektion, Betriebsflüssigkeiten und so weiter. Ganz sicher auch mehrere hundert Euro. Selbst, wenn man den Wagen im Werk abholt. Aber wie gesagt, das gibt es nur bei Pkw.«

»Wie auch immer. Ich zahle das nicht. Das geht gegen meine Grundsätze.

Ich zahle 20.000 wie besprochen und Ende. Überlegen Sie es sich.«

»Hören Sie … Ich bin zwar Händler, und deshalb man kann mit mir auch handeln, aber irgendwo ist dann doch eine Schmerzgrenze erreicht. Und da stehen Sie jetzt sozusagen an meinem Schlagbaum und kommen nicht weiter. Die Überführungskosten muss ich doch selbst auch bezahlen!«

»580 Euro? Ist der Hänger vergoldet!?! Das kann ich für Sie ganz sicher billiger organisieren, mein Kumpel Dragan holt die Kiste für'n Hunni plus Spritgeld. Bis vor die Haustür. Heute noch, wenn Sie wollen. Außerdem: Helm und Kombi kriegen Sie doch auch nicht umsonst, trotzdem geben Sie mir beides kostenlos dazu.«

»Aber der Transport macht doch auch nur einen Teil der Summe aus.«

»Und der Rest?«

»Na ja … Endmontage, Putzen, Polieren, Übergabeinspektion, Betriebsflüssigkeiten und so weiter. Wie beim Auto.«

»Aber das kann doch nicht wahr sein! Stellen Sie sich doch mal vor, Sie kaufen ein Smartphone für … sagen wir: tausend Euro. An der Kasse will man dann 1050 Euro von ihnen haben. Und wenn Sie fragen, warum das so ist, erzählt man Ihnen, dass man ja erst noch das Display putzen und die Antenne festschrauben musste, außerdem wurde der Akku geladen, wir hätten also gern 50 Euro mehr. Würden Sie das etwa bezahlen?«

»Hören Sie. Ich glaube, wir kommen hier nicht wei …«

»Und noch was. Habe neulich gelesen, dass Ihre Marke im Jahr rund 125.000 neue Motorräder verkauft. Wenn da jedes Mal 580 Euro draufgeschlagen werden, macht das im Jahr … Moment … 72,5 Millionen Euro Extra-Einnahmen. Nur dafür, dass der Kunde seine Ware fahrbereit ausgehändigt bekommt. Frecher geht's nicht, würd' ich sagen.«

»Das ist ja so nicht richtig. Es sind nicht immer 580 Euro. Das ist ja keine fixe Summe. Die legt jeder Händler selbst fest. Außerdem wird ein Gutteil der Motorräder im Ausland verkauft. Da gibt es solche Extrakosten nicht.«

»Nett, dass Sie mir das erzählen. Wissen Sie, was ich spontan darin erkenne?«

»Was denn?«

»Einen Verhandlungsspielraum, und gar nicht mal so klein. Also damit das hier jetzt mal ein Ende hat: Wir vergessen diese albernen Überführungskosten, und dann sind wir uns schon fast einig.«

»Wieso nur fast?«

»Ich finde ja, dass ein 20.000 Euro teures Motorrad nicht ohne Sturzbügel herumfahren sollte …«

Custom es, was es wolle …

Die »neue« Customizing-Welle spült eine solche Vielzahl kreativer neuer Styles an Land, da sollte eigentlich für jeden etwas dabei sein. Und doch ist das manchem noch immer nicht genug …

»Was haste denn mit der 650er hier vor? Schon einen Style im Kopf?«

»Bin da zur Zeit noch in der Findungsphase.«

»Soll heißen, du hast noch keine vernünftige Idee.«

»Pffff, na hör mal … Ideen ohne Ende, aber ich muss das noch filtern.«

»Ach so, filtern … na klar … ähm … heißt jetzt WAS genau?«

»Ich bin mir noch nicht wirklich im Klaren darüber, was das am Ende werden soll. Die Basis ist wie geschaffen für'n Cafe Racer, aber erstens kann ich diese englischen Streckbänke im Moment nicht mehr sehen, und zweitens ist mir das einfach zu naheliegend. Da käm' doch jeder Spacko drauf.«

»Also ich seh' da sofort einen Street Tracker. Strippen bis aufs Skelett, Rohre hoch, superkleine Fender, hinten den Avon drauf, vorn ein hoher breiter Lenker mit gelochter Querstrebe, ein Drei-Liter-Mopedtank – feddich.«

»Hmm … also ich würde da eher zum Bobber tendieren, aber selbst das ist mir schon wieder zu sehr Schublade. Die Dinger sehen doch auch alle gleich aus.«

»Ist halt ein Style. Und so ist das nun mal mit Styles. Deshalb heißen sie so. Und deshalb wollen die Leute sie haben.«

»Ich will was anderes. Was neues.«

»Was neues gleich?«

»Ja, was neues. Was hat es denn mit Customizing zu tun, wenn doch wieder alles festgelegt ist? Ein Bobber muss vorn und hinten gleich dicke Räder haben. Ein Brat-Styler muss eine flache Sitzbank haben. Ein Bagger muss Koffer haben. Und so weiter, und so weiter – was ist denn da noch individuell?!«

»Naja, ein Bagger ohne Koffer wäre kein Bagger, sondern ein Cruiser.«

»Siehste? Da geht schon die nächste Schublade auf. Kannst du dich davon nicht mal frei machen?«

»Versuch' ich ja. Aber es ist, wie es ist. Und wenn zu mir einer kommt, der unbedingt einen Bobber haben will, dann bau' ich ihm den.«

»Mach doch. Ich bau die Bikes vor allem für mich. Und wenn sie dann einer kaufen will – bitte.«

»Ist ja auch egal. Wie wär's denn, wenn du dem Teil ein komplett neues Heck verpasst? Damit brichst du die Linie und kannst auf der Basis ganz neu denken.«

»Neu denken tu ich jeden Tag, dafür brauch' ich nichts zu brechen. Aber die Idee hatte ich tatsächlich auch schon, zumal ich hinten noch den 265er auf Chromfelge rumfliegen habe, irgendwo muss ich den mal einpflanzen.«

»Einen 265er?! Mein Gott! Wofür war der denn eigentlich gedacht?«

»Sollte ein reines Showbike werden, auf Basis einer Monkey. Aber das Teil war am Ende breiter als lang, das konnte so nicht bleiben.«

»Aha, eine Monkey, soso. Vielleicht ganz gut, dass du das Projekt abgebrochen hast. Aber selbst auf der 650er ist das Teil doch viel zu fett. Was passiert denn dann vorne?«

»Ich dachte an einen schlanken 17-Zöller in einer extrem kurzen Gabel. Die in einem sehr flachen Lenkkopf aufgehängt ist«.

»Extrem kurze Gabel, sehr flacher Lenkkopf – wie soll das zusammengehen? Das Teil liegt doch auf dem Motor auf.«

»Nicht, wenn es hinten hoch genug ist.«

»Okay, das dürfte dann in der Tat etwas Neues sein. Das hat sicher noch keiner so gemacht. Ganz sicher nicht.«

»Eben. Ich denke, da geht was.«

»Ich dachte bis jetzt immer, Fahrbarkeit könnte auch ein Kriterium sein.«

»Seit wann das denn? Nenn' mir einen Bobber, der mit seinen fetten Wurststreifen wirklich fahrbar ist. Wenn du Pech hast, kippst du mit dem einmal in die Kurve und dann nie wieder. Oder versuch mal, mit einem Low Rider in einem Zug zu wenden. Dafür brauchst du einen Aldi-Parkplatz. Und die Filiale sollte nicht zu klein sein.«

»Okay, aber das sind auch Extreme. Mit den meisten Custom-Bikes kann man schon ganz normal fahren.«

»Ganz normal, aha. Ist das etwa der Maßstab für ein gutes Customizing: Ganz normal sein?«

»Nein, aber …«

»Also. Ich denke, ich werde das so machen. Und dann werden wir ja sehen, ob sich daraus nicht vielleicht sogar ein neuer Style bildet. Von mir geschaffen …«

»Und wie willst du das Ganze nennen? Wenn es ein Style werden soll, braucht es einen Namen.«

»Hi-Jacker würd' passen. Oder Drag-Pumps-Coaster. Vielleicht auch Legal Overboarder …«

»Overboarder … Heißt to overboard nicht zu weit gehen? Doch, dass dürfte passen. Mit dem Legal würde ich mich allerdings erst mal bis auf Weiteres zurückhalten …«

»Wieso? Ich bau das Teil so, dass es zulassungsfähig ist. Das Ding kriegt den Stempel, das garantier ich dir.«

»Okay, du wirst wissen, was du tust.«

»Ich weiß das nicht nur, ich kann es sogar aufzeichnen, hier … zack … das Heck etwa so hoch … die Gabel … zack … ungefähr in diesem Winkel … so in etwa müsste das hinhauen.«

»Aber …«

»Der Tank ist noch wichtig, sollte kein klassischer Tropfen sein … eher hier so was … zack … siehst du … ein Tropfen, der eckig ausläuft.«

»Also wenn ich dazu etwas sag …«

»Der Lenker muss ein Ape-Hanger sein, mindestens Medium, hier … zack … so. Cool, was?«

»Wieso muss der Lenker ein Ape-Hanger sein?«

»Ganz einfach, weil hier oben … zack … der Solo-Seat ist … ich denke da an einen stilisierten Cowboysattel. Und weil ich nur ganz wenige Orang-Utans in der Kundschaft habe, sollte der Lenker auch erreichbar sein«.

»Also ich weiß ja nicht …«

»Ich aber. Die Krönung des Ganzen ist die Lackierung. Der Rahmen kriegt eine Rostoberfläche, der Lenker wird mit altem Feuerwehrschlauch umwickelt und der Tank wird gepinstriped mit einem gebrushten Oppossumschädel.«

»Einem Oppossumschädel?! Wieso ausgerechnet ein Opposum?«

»Weil mir das gerade so einfiel.«

»Okay, aber wenn ich mir deinen Entwurf hier so anschaue, dann … naja … ich weiß jetzt nicht, wie ich es am besten ausdrücken soll …«

»Sag‘ einfach, was du meinst, gerade heraus.«

»Also gut, ich finde, das Teil sieht … öhm … total scheiße aus.«

»Okay. Das lässt sich allerdings nicht von der Hand weisen. Aber originell ist es schon, oder?«

»Unbedingt! Aber so was von ohne jeden Zweifel. Definitiv.«

»Na also. Bis hierhin also alles richtig gemacht …«

Typen gibt's …!

Manchmal reicht schon eine Studie, um den Verkehr erheblich sicherer zu machen. Denn wenn man weiß, wie man die anderen Verkehrsteilnehmer einzuordnen hat, dann … hrm … naja, ist das nicht so schlecht.

»Sag' mal, ich les' hier gerade von dieser neuen Verkehrsstudie. Haste da auch schon von gehört?«

»Verkehrsstudie? Nö.«

»Die haben rausgefunden, dass es sieben verschiedene Typen von Autofahrern gibt.«

»Nur sieben?! Ist ja drollig.«

»Genau, warte … hier: Der *Belehrer*, der *Besserwisser*, der *Wettkämpfer*, der *Bestrafer*, der *Philosoph*, der *Vermeider* und der *Aussteiger*.«

»Na, toll – der wichtigste von allen fehlt schon mal.«

»Öhm, … nämlich?«

»Der *Wichser*!«

»Bruha! Aber die meinen das ernst. Hier: Das zentrale Ergebnis der Studie ist, dass die wechselseitige Beeinflussung von Verkehrsteilnehmern untereinander das Risiko erhöht.«

»Heißt also: Der Straßenverkehr wird gefährlicher, wenn außer dir noch jemand daran teilnimmt – muss man erst mal drauf kommen.«

»Ergebnis ist außerdem … hier: dass von einigen Autofahrer-Typen Gefahr ausgehen kann.«

»Von einigen?! Von jedem geht Gefahr aus, jeder einzelne eine rollende Zeitbombe! Aber mal im Ernst – wer gibt denn für so dämliche Studien Geld aus?«

»Goodyear. Aber dass es diese Typen gibt, stimmt ja schon.«

»Aber man kann massenhafte individuelle Idiotie nicht in nur sieben Kategorien einteilen. Außerdem: Was hilft mir dieses Wissen, wenn mir einer dieser Schwachmaten mal wieder ohne zu blinken vors Vorderrad schießt? Der fehlt übrigens auch.«

»Wer fehlt auch?«

»Der *Blink-Legastheniker*. Ich frage mich, warum die überhaupt noch Blinker an diese Karren bauen, benutzt doch eh keiner. Jedenfalls nicht für Motorradfahrer.«

»Komm', jetzt übertreibst du.«

»Fakt ist, dass Autofahrer die größte Gefahr für Motorradfahrer darstellen. Und zwar nicht nur die sieben Granaten, die du aufgezählt hast.«

»Das höre ich andauernd. Aber so oft man eine Fehleinschätzung auch wiederholt, es bleibt eine Fehleinschätzung.«

»Hallo?! Werden zwei Drittel aller Kollisionen von Autofahrern verursacht oder etwa nicht?«

»Aller Kollisionen, okay. Aber die meisten Motorradunfälle sind angeblich Alleinunfälle. Da ist niemand sonst dran beteiligt.«

»Angeblich, angeblich – ich bleibe dabei: Autofahrer sind Gefahrgut auf Rädern, geistig auf Augenhöhe mit Hohlmantelgeschossen.«

»Da fallen mir aber spontan auch etliche aus unserer Zunft ein, für die das gleiche gilt.«

»Wie bist du denn jetzt drauf? Ich dachte, du bist einer von uns.«

»Uns …? Wer ist das?«

»Na uns Motorradfahrern natürlich. Findest du nicht, wir sollten zusammenhalten?«

»Also bei einigen bräuchte ich für einen Zusammenhalt noch einen Motivationsschub.«

»Ach, zum Beispiel?«

»Zum Beispiel dieser Renn-Heini, der schon zwei Mal an unserem Stammtisch aufgetaucht ist. Bist du mal mit dem gefahren? Ich bin sicher, der Typ ist 'ne Drohne und Professor Moriarty hat die Fernsteuerung. Oder dieser paranormale Giftzwerg aus meiner Nachbarschaft, der an jedem Wochenende den Christbaum an seiner Gold Wing poliert und seine Frau anschreit, wenn die Fähnchen nicht gebügelt sind. Der ist mit seinem verchromten Malefiz-Stein gefährlicher als jeder Autofahrer, glaub mir. Außerdem nervt mich dieses Autofahrer-kontra-Motorradfahrer-Märchen. Dass quasi alle Motorradfahrer auch Autofahrer sind, wird ausgeblendet.«

»Ich trau' Autofahrern alles zu, sieh' es als Sicherheits-Feature. Wenn in deiner Vorstellung jeder Autofahrer einen mentalen Sprengstoffgürtel trägt, bist du immer auf der Hut.«

»Von mir aus. Aber unter Motorradfahrern würde man genau die gleichen Typen finden.«

»Du glaubst den Mist also nicht nur, du willst ihn auch noch auf Motorradfahrer übertragen?«

»Hier, zum Beispiel der *Belehrer: … muss sicherstellen, das andere Fahrer wissen, was sie falsch gemacht haben und erwartet für seine Belehrungen auch noch Anerkennung.* Erinnerst du dich noch an diesen neongelben Erklär-Bär, der uns damals beibringen wollte, wie wir in der Gruppe zu fahren haben?«

»Schwach …«

»Oder der *Wettkämpfer: … muss immer an erster Stelle fahren und ärgert sich, wenn ihn jemand daran hindert.* Denen bin ich auf dem Motorrad schon hundertfach begegnet. Und hier, noch einer, der *Bestrafer: … möchte andere Fahrer für wahrgenommenes Fehlverhalten bestrafen.* Wie oft schon hat vor dir irgend so ein XL-bekofferter Road-Captain die Gasse blockiert, damit er im Stau nicht alleine schwitzen muss?«

»Das ist mir tatsächlich mal …«

»Eben. Die gleichen Vollbirnen. Ob auf zwei oder auf vier Rädern. Und für die anderen Typen gilt das ebenso.«

»Und wo siehst du dich da selber? Welcher Typ bist du?«

»Keiner von den bisher genannten. Warte, hier gibt's noch den *Besserwisser: … denkt, er ist von inkompetenten Mit-Verkehrsteilnehmern umgeben und begnügt sich damit, andere Fahrer aus dem geschützten Bereich seines Fahrzeugs heraus herablassend anzuschreien* – hmm, eher nicht.«

»Dann wird's langsam eng.«

»Warte, wir haben noch den *Aussteiger: … isoliert sich und lenkt sich vom Verkehrsgeschehen ab, um nicht mit anderen Autofahrern in Beziehung treten zu müssen* – passt auch nicht.«

»Bleibt nicht mehr viel.«

»Hmm …, *Philosoph, Vermeider* und *Aussteiger.* Alles nicht so hundertpro. Vielleicht bin ich ein bisschen was von allem, etwa ein *philosophierender Wettkämpfer* mit einer Tendenz zum *vermeidenden Aussteiger* …«

»Soso – fehlt da nicht noch was?«

»Okay … ein bisschen *Wichser* ist manchmal auch dabei …«

79

Arschloch! – Wie teuer?

Für Beleidigungen im öffentlichen Straßenverkehr gibt es keinen einheitlichen Bußgeld-Katalog. Nur gut, dass ein Arbeitskreis da jetzt bundesweite Abhilfe schaffen will.

»Also ich weiß wirklich nicht, wie wir da eine einheitliche Linie reinkriegen sollen. Die verhängten Strafen sagen doch nichts über die Schwere der Straftat aus. Allein zum *Arschloch* habe ich hier Bußgelder von 500 bis 1500 Euro. Da ist nix mit anzufangen … so kann ich nicht arbeiten!«

»Reg dich ab. Wir sollen nicht die Rechtsprechung revolutionieren, sondern einen Bußgeld-Katalog für Beleidigungen im Straßenverkehr erarbeiten, der als Richtschnur dient.«

»Das weiß ich, bin ja nicht blöd. Und dass wir uns dabei auf bereits ergangene Urteile stützen sollen, weiß ich auch. Aber was ist das für eine Stütze – bei diesen Unterschieden?«

»Vergiss die Summen. Entscheidend sind die Tagessätze. Gutverdiener zahlen natürlich mehr als Hartz-IV-ler.«

»Aber ist das nicht komisch?«

»Wieso?«

»Weil der eine für eine *Alte Sau* tausende Euros bezahlt, der andere nur ein paar hundert. Aber für den Beleidigten ist doch beides gleich beleidigend.«

»Mag sein. Aber hier geht es ja nicht um den Beleidigten.«

»Nicht?«

»Nein. Das sind keine Schmerzensgelder, sondern reine Bußgelder. Die kassiert der Staat. Wir sollen die Beleidigungen nur in Güteklassen einteilen und ihnen Bußgeldhöhen zuordnen. Damit gleiche Beleidigungsklassen im ganzen Land gleich weh tun.«

»Aha. Trotzdem Blödsinn, da von alten Urteilen auszugehen. Die sind total willkürlich – hier: Das eine Gericht verhängt für *Dusselige Schlampe* 15 Tagessätze, das andere 25. Falls du noch ein Beispiel brauchst: *Pillemann*. In Karlsruhe 30 Tagessätze, in Oldenburg nur fünf!«

»Hmm, in Oldenburg gehört das vielleicht noch zur Mundart …«

»Aber das ist doch Humbug!«

»Deshalb sollen wir ja diesen Katalog erarbeiten! Damit *Vollpfosten* oder

Blöde Hackfresse in Bottrop genauso teuer sind wie in Ulm.«

»Das geht gar nicht, schon wegen der Dialekte. Auch dazu gibt es Urteile – hier: Wenn im Schwäbischen jemand *Leck mich am Arsch* zu dir sagt, ist das keine Beleidigung. Hat das Amtsgericht Ehingen so entschieden. In Bonn zahlst du dafür mit Pech einen Monatslohn.«

»Okay, diese folkloristischen Härtefälle müssen wir dann an regionale Arbeitskreise delegieren. Aber das hindert uns doch nicht daran, diesen Katalog zu erarbeiten.«

»Aber es ist unmöglich, da ein klares Prinzip reinzukriegen.«

»Nichts ist unmöglich. Manche Dinge muss man einfach tun. Oder glaubst du etwa, dass hinterfragt hinterher noch einer?«

»Okay, von mir aus. Wie sollen wir es angehen – alphabetisch?«

»Egal.«

»Hmm … Dann fangen wir doch einfach mit den Sonderangeboten an, hier: *Bekloppter, Armleuchter, Wichser, Dumme Kuh, Witzbold, Dumpfbacke, Gurkenschäler, Blödes Schwein* – bislang alles in etwa eine Preisklasse. Der günstigste Einstieg sozusagen.«

»Was? *Witzbold* und *Blödes Schwein* sind gleich teuer? Das kann doch gar nicht …«

»Doch, darüber gibt's Urteile!«

»Unfassbar …«

»Aber es kommt noch besser. Hier: *Miststück* ist sogar rund fünfmal teurer als *Blödes Schwein*, kann bis zu 2500 Euro kosten. Selbst *Bei dir piept's wohl* wird mit einem deutlich höheren Bußgeld belegt.«

»Was, echt?! Das sag' ich zu Hause fünf Mal am Tag. Das ist doch total daneben.«

»Schau in die Urteile. Aber das war ja noch nicht alles, es geht auch noch skurriler.«

»Da bin ich aber gespannt.«

»Hier, ein Rentner, der sich deutlich zu streng kontrolliert fühlte, schrie bei einer Verkehrskontrolle die beiden Polizisten an: Wollen sie mich ficken?! Die zeigten ihn wegen Beleidigung an, doch das Amtsgericht Neu-Ulm wertete das als zulässige Frage. Freispruch.«

»Erstaunlich. Mein Schwager hat mal 600 Euro bezahlt, weil er zu einem Polizisten *du Mädchen* gesagt hat. Das ist dagegen doch harmlos.«

»Ich denke, teuer war da nicht das *Mädchen*, sondern das *du*.«

»Ach, Quatsch …«

»Doch, bestimmt. Deshalb hatte auch der Rentner Glück. Hätte er *Willst DU mich ficken*?! gesagt, wär's für ihn richtig teuer geworden. Einen Polizisten duzen geht gar nicht, so werten das jedenfalls bislang die Gerichte.«

»Das ist doch völlig gaga.«

»Eben. Mehr Beispiele …?«

»Och, weiß du …«

»Zum Beispiel das hier: Du darfst jemanden ungestraft *Parkplatzschwein* nennen, wenn er unberechtigterweise auf einem Behinderten-Parkplatz steht. Das Amtsgericht Rostock hat geurteilt, dass das keine persönliche Beleidigung durch die negativen Eigenschaften eines Schweins sei, sondern lediglich ein individueller Hinweis auf egoistisches Verhalten.«

»Hör auf, das ist ja wie im Bauerntheater. Lass uns doch bitte einfach anfangen!«

»Vielleicht kümmern wir uns erst mal um die beleidigenden Gesten. Die sind doch auch eindeutiger, oder?«

»Findest du?«

»Ein Stinkefinger ist ein Stinkefinger, an der Nordeeküste wie im Hochgebirge. Kann der Staatskasse 4000 Euro bringen.«

»Echt jetzt?! So viel?!«

»Den Ring aus Daumen und Zeigefinger gibt's schon für 750 …«

»Moment mal. Der Finger ist mehr als fünfmal teurer als das Loch, in das man ihn steckt?«

»Genau.«

»Das sollten wir vereinheitlichen. Rein visuell liegt das doch recht nah beieinander.«

»Machen wir denn dann den Finger deutlich billiger oder aber das Loch deutlich teurer?«

»Hmm … Sie sollten sich vielleicht in der Mitte treffen.«

»Das möchte ich mir jetzt gerade lieber nicht vorstellen …«

Rein statistisch …

… ist das Motorradfahren sehr gefährlich, die Zahlen sind da doch relativ eindeutig. Wenn etwas diese ernüchternde Statistik ändern kann, dann der Klimawandel.

»Lese gerade, dass 2016 die Zahl der im Straßenverkehr getöteten Biker deutlich zurückgegangen ist. Scheint so, als würden die Leute vernünftig.«

»Das glaubst du nicht wirklich, oder?«

»Wieso nicht? Die Zahlen sind deutlich niedriger als im Jahr davor.«

»Mag sein. Ist aber wohl weniger einem Zugewinn an Vernunft zu verdanken als vielmehr dem Klimawandel.«

»Wie jetzt …?«

»Im letzten Jahr gab es quasi keinen Frühling. Vier Mal haben wir unsere erste Saisontour verschoben, und als wir Ende April zu Georgs Fünfzigstem fahren wollten, hat es geschneit! Im Mai gab's nur Unwetter, der Juni war der nasseste seit 25 Jahren. Ende August gab es dann einen Hitzerekord nach dem anderen, auf unserer Pfälzerwald-Tour bin ich unterm Trifels fast dehydriert. Und dann war schon Herbst. Im letzten Jahr hatten Biker also kaum eine Gelegenheit zu sterben.«

»Jetzt übertreibst du aber. Du fährst doch auch nicht nur bei Sonnenschein. 2016 geht außerdem als eines der wärmsten Jahre seit Beginn der Wetteraufzeichnungen in die Geschichte ein. Das ist statistisch erwiesen.«

»Glaub', was du willst. Ich gebe mich jedenfalls keinen Illusionen hin, was die Vernunft der Leute angeht. Und Statistiken glaube ich prinzipiell nicht. Heißt nicht umsonst, dass es drei Arten von Lügen gibt – Lügen, verdammte Lügen und Statistiken.«

»Also, jetzt komm aber …«

»Nix jetzt komm aber! Neulich kommt Kalle angelaufen …«

»XS-Kalle? Der sich die Stimmgabeln auf den Hintern hat tätowieren lassen?«

»Genau der. Die Stimmgabeln auf seinem Hintern wurden allerdings vor weit mehr als 20 Jahren gestochen, heute sehen die aus wie geschmolzene Grillspieße … hab' ihn neulich mal in der Sauna … aber egal. Jedenfalls wedelt er mir mit 'nem Blatt Papier vor der Nase rum und hat richtig Spass inne Backen, weil endlich mal wieder seine Marke die Nummer eins im Markt ist.«

»Wie … die Nummer eins im Markt? Yamaha die Nummer eins?!«

»Genau. Hat er mir dann auch gezeigt, das Papier war ein Ausdruck der KBA-Zahlen. Demnach wurden 2016 mehr Yamahas neu zugelassen als BMWs.«

»Is' ja'n Ding! Hätt' ich jetzt auch nicht erwartet. Ist doch kein Wunder, dass Kalle so feixt. Der ist doch nicht nur Yamaha-Jünger, der ist doch auch BMW-Hasser.«

»Aber die Zahlen sind Stuss! Allein im Dezember haben sich die Yamaha-Händler zu Tausenden noch schnell eine Plakette für ihre Ladenhüter geholt, die sie wegen Euro 4 sonst ab dem 1. Januar nur noch als Schaufenster-Deko hätten nutzen können. Die Karren sind alle nicht auf die Straße gekommen, die wurden nur schnell noch zugelassen. Was willste mit so einer Statistik anfangen?«

»Okay, da hast du vielleicht recht. Aber das heißt doch trotzdem nicht, dass Statistiken generell Blödsinn sind. Manchmal sind die auch ganz hilfreich.«

»So? Wann denn zum Beispiel?«

»Zum Beispiel, als wir neulich nach Mallorca geflogen sind. Meine Schwiegermutter wollte partout nicht in den Flieger steigen, hatte einfach zu viel Angst. Dann konnten wir ihr statistisch nachweisen, dass es keine sicherere Art des Reisens gibt. Die Frau ist Chemikerin, hat sich von nüchternen Fakten überzeugen lassen und ist am Ende ganz entspannt an Bord gegangen.«

»Ich kenne diese Statistik, das Märchen vom sicheren Fliegen wird ja gern immer weitererzählt. Bleibt aber trotzdem ein Märchen.«

»Wieso? Pro Kilometer Reisestrecke gibt es im Zug statistisch dreimal so viele Todesopfer wie im Flugzeug. Und im Auto noch deutlich mehr. Vom Motorrad ganz zu schweigen.«

»Stimmt womöglich sogar. Aber wie weit fährst du, und wie weit fliegst du?«

»Hä …?«

»Na du fliegst doch deutlich weiter und erheblich schneller, als du mit dem Zug fährst. Ziehst du den Vergleich nicht pro Reisekilometer, sondern pro Stunde Reisezeit, ist es nämlich genau andersherum. Dann ist Fliegen auf einmal dreimal so gefährlich wie Bahnfahren.«

»Ach …«

»Genau: Ach! Statistiken sind Humbug. Die kannst du drehen, wie du willst. Kommt nur drauf an, wen du bescheißen willst.«

»Ich find' immer noch, dass du übertreibst.«

»Tatsächlich? Kennst du den sichersten Beruf der Welt?«

»Den sichersten Beruf? Nö … welcher?«

»Präsident der USA. Den Beruf gibt's seit 228 Jahren, durch einen Arbeitsunfall starben seitdem nur vier Berufstätige. Das ist nur einer alle 57 Jahre. Selbst beim Schachspielen sterben statistisch mehr Menschen.«

»Ja … und?«

»Wart's ab. Kennst du auch den gefährlichsten Beruf der Welt?«

»Wird das ein Quiz? Sag schon …«

»Präsident der USA. Von bislang 45 Berufstätigen kam fast jeder Zehnte ums Leben. Selbst auf hoher See oder bei der US Army hast du einen sichereren Job.«

»Ach komm, das ist doch alles …«

»… nur Statistik, genau. Und die findest du doch so toll. Besser gesagt: Du glaubst immer die, die dir in den Kram passt. Aber mit der Realität hat das meistens nix zu tun. Rein gar nix. Wenn es im Nebel hagelt, sagt die Statistik, es habe geregnet. Und wenn du mit den Füßen im Feuer stehst und dein Kopf in einem Eisblock steckt, fühlst du dich im statistischen Mittel doch ganz wohl.«

»Ist ja gut, ist ja gut … ich will mit dir darüber nicht streiten. Aber wenn es so ist, wie du sagst, und das Ganze nur am Wetter lag, dann könnte man doch auch sagen, dass rein statistisch gesehen der Klimawandel das Motorradfahren sicherer macht.«

»Genau. Denn nach der Statistik leben ja auch die Menschen länger, die öfter Geburtstag haben …«

Emotions

Wenn es emotional wird, hat man einen Motorradfahrer schon fast am Wickel. Da darf es auch nicht verwundern, wenn Marketing-Leute das schamlos ausnutzen …

»Wir müssen für unseren Motorradkunden noch die Auswertung des Gewinnspiels machen. Ich hoffe, das hast du noch auf dem Schirm.«

»Auch das noch … however, was soll denn hier ausgewertet werden?«

»Emotionen. Motorräder verkaufen sich vor allem über Emotionen, deshalb will unser Kunde herausfinden, wo bei der Zielgruppe der emotionale Hammer hängt.«

»Mit einem Gewinnspiel?!«

»Es gab nur eine Frage zu beantworten … warte … hier: *Welches war dein emotionalster Moment auf dem Motorrad und warum?*«

»Hat da etwa jemand drauf geantwortet?«

»Genau 334 gültige Einsendungen.«

»Uff! So viele?!«

»Wenn der Hauptgewinn attraktiv genug ist, kriegst du von den Leuten alles. Wir haben mal für einen Latex-Schneider die Kunden nach ihren sexuellen Phantasien gefragt, Hauptpreis war eine handgeflochtene Peitsche. Ich musste damals die Antworten auswerten, und glaub' mir: Hätte ich noch keine Familie gehabt, ich wäre am selben Tag noch ausgewandert. Manchen Antworten lagen Bilder bei, einige verfolgen mich bis heute.«

»Was ist denn hierbei der Hauptgewinn?«

»Moment, da muss ich nachsehen … Ah, hier: *ein Wochenende im Hirschreither-Hof auf der Gamsenschnacksler-Alm in Unterallers-Au samt Klötenkofler-Besteigung, Schaum-Party mit den Boobie-Chicks aus der Kimmetal-Klamm und eine Backstage-Visit bei den Galligen Gaudi-Glöcknern …*«

»Was!! Das ist ja schrecklich …!«

»Muhaa-ha … Gib's zu, du hast es kurz geglaubt! Nein, Hauptgewinn ist ein nagelneues Bike, ein ziemlich teures sogar.«

»Blödmann! Ein nagelneues Bike? Dann wiederum sind 334 Teilnehmer nicht viel. Und was soll jetzt damit geschehen?«

»In einer internen Mitteilung heißt es, wir sollen einen Gewinner ziehen, der den Vorstellungen des Kunden entspricht.«

»Heißt jetzt … was genau?«

»Na ja, nicht irgendeinen Gewinner halt. Der sollte schon vorzeigbar sein, da hängen ja auch einige Pressetermine dran.«

»Wie? Wir suchen ihn aus? Du und ich? Aber das ist doch Beschiss!«

»Wir helfen dem Glück nur etwas auf die Sprünge. Wir müssen also nur so viele Karten lesen, bis wir den idealen Gewinner haben.«

»Und nach welchen Kriterien suchen wir?«

»Warte, hier: gute Bildung, gehobenes Einkommen, zwischen 35 und 50 Jahre, reiselustig, positive Ausstrahlung …«

»Sicher … sonst noch was? Soll er vielleicht auch gern spanische Törtchen essen und bevorzugt Synthetik-Socken tragen?«

»Mecker nicht rum, lass uns anfangen.«

»Wie du meinst, hier also der erste, ist bestimmt gleich ein Volltreffer …«

»Lies vor.«

»Okay, also … blablabla, … ah … hier: *Der größte Moment für mich war gewesen, als mein bescheuerter Spießer-Nachbar beim Putzen seine Dreckskarre umgeschmissen hat. Vor meinen Augen! Die ganze Einfahrt lag voll mit Plastiksplittern, da war richtig was im Eimer gegangen! Da denk ich heut immer noch verdammt gern immer dran …*«

»Heiliger! Von wegen Volltreffer. Weiter!«

»Moment, ich nehm mal eine von unten: *Meinen emotionalsten Moment war an dem Tag, als der Präsi von unsern MC (Warlords McPomm) mir mitteilte, dass ich keinen Hangaround mehr bin, sondern ab sofort Prospect und jetz die Karren von allen anderen Member putzen darf …*«

»Ist nicht dein Ernst!«

»Steht hier aber genau so.«

»Nicht drüber nachdenken … Nächster.«

»Zu Befehl, hier kommt Nummer drei: *Es war scho sehr emotional für mich, als i neulich auf d'Nacht mei Motorradl im Schuppen abstell und die Gschwendner-Resi auf amoi dosteht und mi fragt, ob sie ihr denn mal meinen Hauptständer zeigen könnt' und do hab ich sie auf dem Motorradl …*«

»Hör auf! Mir wird übel …!«

»Tut mir leid, du wolltest, dass ich vorlese. Bereit für Nummer vier?«

»Mach schon. Das kann ja nicht so weitergehen.«

»Okay, hier steht: *Das geilste von allem waret, als ich meine Kiste das erste mal über die 300er-Marke gekricht hab, das war ein puret Adrenalingefühl*

annen ganzen Körper, leif und in Farbe bei jutjub zu sehen. Ich bin auch ma auffen Hinterrad durchn Stau, bis dann die Rennleitung auftauchte und …«

»Sag mal, das kann doch jetzt nicht sein! Was sind das denn alles für Hohlmantelgeschosse? Vielleicht hast du nur ein schlechtes Karma, jetzt zieh' ich eine … warte … oh … nein, … der hat einen Aufkleber draufgeklebt, … hier.«

»Die Südstaaten-Flagge. Ein Rassist. Eher nicht unser Mann, aber vielleicht hat er ja ein gehobenes Einkommen und ist um die Vierzig und reiselustig.«

»Ich glaub' das alles nicht … irgendwas stimmt hier doch nicht. Warte mal, ich muss mal eben was klären …«

»Wen rufst du an?«

»Die Leute aus der strategischen Planung. Ich will jetzt was wissen … es muss doch einen Grund dafür geben, dass hier nur so ein Bullsh … Ja, hallo! Sagt mal, dieses Motorradgewinnspiel … Genau, das letzte … Kannst du mir sagen, wo die Teilnahmekarten verteilt wurden? … Auf einem großen Motorrad-Festival … Aha, gut, gut … Über zehntausend Besucher, hmmm … Wow, nicht schlecht … Weißt du zufällig auch, wie das Festival hieß? … Ach, tatsächlich? … Nein, schon gut, alles bestens, vielen Dank!«

»Was war das denn jetzt?«

»Wir müssen uns einen Gewinner ausdenken. Kennst du nicht irgendjemanden, der seine Sinne beisammen hat, drei gerade Sätze sprechen kann und ein neues Bike braucht?«

»Wieso? Warum machen wir nicht weiter?«

»Die Vollpfosten haben die Karten nur auf einem einzigen Festival verteilt.«

»Na und? Was war'n das für ein Festival?«

»Boobs, Butts, Beer & Burnouts …«

Henne oder Ei?

Es wird ja gern lautstark beklagt, dass Motorradwerkstätten auch nicht mehr das sind, was sie früher einmal waren. Könnte das vielleicht eine Wechselwirkung sein?

»Wass'n los? Machst'n Gesicht wie'n Platten. Is' was passiert?«

»Nix is' passiert! Rein gar nix!! Ich bin mir sicher, der Typ verarscht mich!«

»Was? Wer verarscht dich?«

»Diese Schrauber-Birne unten am Kanal. Wo die Kiste jetzt steht – seit drei Wochen! Angeblich, weil keine Teile kommen.«

»Schrauber … was …?«

»Birne!! Der Typ mit seiner neuen Zweirad-Werkstatt, da wo früher der Peugeot-Händler drin war. Vor'n paar Monaten ist da 'ne Werkstatt rein: *Mannis Mopeten-Manege* – die Birne meine ich.«

»Klingt nach keiner guten Ersterfahrung. Was ist denn im Eimer?«

»Wenn ich das wüsste! Hat ständig Aussetzer … irgendwo 'n Wackelkontakt oder so.«

»Warum haste die Kiste denn nicht zu deinem Markenhändler gebracht? Warst doch immer so zufrieden mit dem. Hast jedes Mal geprahlt, wie du ihn wieder runtergehandelt hast bis zum Gehtnichtmehr.«

»War auch so. Ich hab immer irgendwas gefunden, um den Preis zu drücken, der Typ war aber auch echt zu weich für diese Welt. Du musstest nur auf stur stellen, dann ist er irgendwann eingeknickt.«

»War aber doch ein guter Schrauber, oder?«

»Verdammt gut. Die ganze Crew war top.«

»Und warum dann jetzt dieser Mopeten-Manni?«

»Weil's meine Werkstatt nicht mehr gibt! Pleite! Wohl seit über einem Jahr schon. Wusstich nix von!«

»Ich denke, der hatte zu viele Kunden wie dich. Gibt's jetzt etwa in der ganzen Stadt keinen Händler mehr für deine Marke?«

»In der ganzen Stadt?! Wo lebst du denn? Im Umkreis von 60 Kilometern gibt's keinen mehr für meine Karre, ich fahr jetzt mehr als eine Stunde dahin! Bin einmal in diesem Glaspalast gewesen und dann nie wieder. Erst hat mich so 'ne Tussi ewig mit antrainierten Texten zugeblubbert, dann hab ich in der Werkstatt lauter nackenrasierte Jungspunde gesehen, die meine Vergaser nur aus dem Geschichtsunterricht kannten.«

93

»Aber hinten am Bahnhof gibt's doch noch den Suzu …«

»Dachte ich auch. Seit letztem Herbst nicht mehr. Ist in Rente gegangen und hatte keinen Nachfolger.«

»Ach … auch dicht? Aber oben am Kirmesplatz der Italo-Laden …«

»Ich weiß, Guzzi und Aprilia. Hat auch nicht überlebt. Ist jetzt 'ne Wäscherei drin.«

»Und Zweirad Schnurre? In der Altstadt? Der verkauft zwar nur Mofas und Roller, aber in der Werkstatt macht der doch auch Motorradreparaturen.«

»*Hast du einen Baumarktroller, geht die Schnauze nicht mehr voller!*«

»Was? Verstehe nicht ganz …«

»Der Spruch stand auf dem Plakat, das noch wochenlang in seinem Schaufenster hing, auch als der Laden längst dicht war. Damit hatte er wohl noch versucht, diesem neuen Riesen-Baumarkt zu trotzen, der chinesische Viertakt-Roller für ein paar Hundert Euro verscheuert. Hat aber nix gebracht, China hat gesiegt. Gab noch einen ganz interessanten Räumungsverkauf, dann wurde die Ladentür für immer abgeschlossen.«

»Soll das heißen, es gibt keine einzige …«

»… Werkstatt mehr in der Stadt, exakt. Bis neulich der Typ am Kanal aufgemacht hat.«

»Kein Wunder, dass die alle wegsterben. Weißt du, wie du im Motorrad-handel heute ein kleines Vermögen machen kannst?«

»Da bin ich jetzt aber mal gespannt.«

»Indem du ein großes Vermögen reinsteckst. Die kriegen heute knallharte Vorgaben zu Ladenausstattung und Mindestabnahmen. Die Werkstatt überlebt mühsam mit Zwangs-Inspektionen, weil die Leute kaum Kilometer auf die Uhr kriegen und die Kisten einfach zu lange halten. Und gute Mecha-niker sind bestimmt auch nicht leicht zu finden.«

»Erinnerste dich noch an den Schrauber in dem BMW-Schuppen damals? Der Dicke, der mit dem einen Auge nach links und mit dem anderen nach rechts geguckt hat und in seinem grünen Kittel immer aussah wie ein mit zehn Atü aufgepumpter Gummihandschuh?«

»Klar, diese Kreuzung aus Chamäleon und Flusspferd, Kalle hat den immer *Ugly Hippo* genannt. Was ist mit dem? Die BMW-Bude gibt's doch schon ewig nicht mehr.«

»Keine Ahnung, was mit dem ist, vielleicht ist er irgendwann ja mal geplatzt. Aber Typen, die so schrauben können, wie der es konnte, die kannste

heute lange suchen. Vergaser hat der mit hundertstel Umdrehungen eingestellt, ohne Messuhr. Und wenn der deine Ventile gemacht hat, dann hat sich das danach angefühlt, als hättste'n neuen Motor. Und das alles schwarz, für'n Zehner nebenher.«

»Heute müssen die doch nur noch wissen, wo der Diagnosestecker angeschlossen wird, den Rest erledigt dann die Software.«

»Aber das stimmt doch gar nicht, das wäre auch hirnverbrannt. Hab neulich noch gelesen, dass das Durchschnittsalter aller in Deutschland zugelassenen Motorräder bei über 16 Jahren liegt, die allermeisten sind noch deutlich älter. Das sind Millionen von Bikes, bei denen die sich ihren Diagnosestecker sonst wo einführen können, am Motorrad jedenfalls nicht. Wo sollen diese Kisten denn alle hin, wenn es nur noch diese Glastempel mit den Nackenrasierten gibt?«

»Na ja, zum Beispiel zu *Mannis Mopeten-Manege* …«

»Hör bloß auf! Ich ärger mich schwarz, dass ich die Karre dahin gebracht hab.«

»Scheint jedenfalls von Vierzylindern keine Ahnung zu haben, wenn du die Karre nach drei Wochen noch nicht zurück hast.«

»Öhm … was? Wieso Vierzylinder?«

»Wie? Wir sprechen hier doch von deinem Motorrad – oder etwa nicht?«

»Nee. Ich red' vom Roller meiner Frau.«

»Seit wann hat deine Frau einen Roller?«

»Hab ich neulich total günstig geschossen, war'n super Angebot.«

»Ach – der Räumungsverkauf bei Schnurre?«

»Nee. War'n Sonderposten … im Baumarkt.«

Was alle so machen

Manchmal kriegt man ja über viele Monate hinweg von so manchen Leuten aus der Szene so rein gar nix mehr mit. Deshalb hier mal kurz ein grobes Update, was bei den Einzelnen gerade so läuft …

Harald will vormittags nur noch nach Süden fahren, er hat die Sonne gern links und ist nicht länger zu Kompromissen bereit.

Gernot hat entgegen aller Erwartungen den alten Königswellen-Motor wieder ans Laufen gekriegt, bleibt aber erklärter Gegner der Monarchie.

Manni wechselt in der anstehenden Saison zum ersten Mal die Marke und lässt sich dabei von einem Mental-Coach begleiten.

Ferdi will ab Frühsommer häufiger die Autobahn verlassen, um dann doch mal an einer sauberen Linie zu arbeiten.

Stefan trägt seinen Jethelm nur noch ohne Kinnriemen und glaubt darin ein erhebliches Plus an Freiheit zu erkennen.

Susi und Rolf sind wegen der Apulien-Reise noch einmal in sich gegangen und bis heute nicht zurückgekehrt.

Marlene malt ihre Aquarelle nur noch auf dem Soziusplatz, seitdem sie die Wischtechnik für sich entdeckt hat.

Kai-Uwe sucht in der Wüste Namib die Seele des Fotografierens und sieht sich da auf einem ganz guten Weg.

Paul und Johannes wollen ohne Papiere auf dem Landweg nach Indien und über die Haftbedingungen in einem Blog berichten.

Hans hat bis heute nicht verstanden, wie man Vergaser synchronisiert und wird seinen Single ab Mai zum Kauf anbieten.

Norbert hat erklärt, noch mindestens zwei Jahre rauchen zu wollen und hofft, dass sein Klapphelm es noch so lange macht.

Karl ist es leid, immer wieder an der maximalen Zuladung zu scheitern und hat sich deshalb endgültig von Sabine getrennt.

Ferdi hat sich eine Super-8-Ausrüstung zugelegt und hegt die Hoffnung, dass seine Reisefilme so an Ausdruck gewinnen.

Roswita und Tobias haben ein Motorradmuseum auf Sumatra eröffnet und den Eintritt für Studenten bewusst nicht ermäßigt.

Heinz wird die Ostsee jetzt doch gegen den Uhrzeigersinn umrunden und will das als Statement verstanden wissen.

Murat widmet seine Burnouts jetzt dem Regenwald und sucht Sponsoren.

Beate und Rüdiger haben ihr Motorradhotel in diesem Jahr schon im Februar eröffnet und damit gute Erfahrungen gemacht.

Jochen schreibt seine Reisegeschichten ab sofort nur noch auf Kreta, der Tiefe wegen.

Bernhard will jetzt zweigleisig fahren und sein Navi so umrüsten, das unter das Display auch eine Generalkarte passt.

Gundula hat beschlossen, ihren Fahrlehrer ab sofort ernst zu nehmen und glaubt, so eine Menge Geld zu sparen.

Claire und Utz eröffnen im Mai einen literarischen Bike-Shop in Stralsund und denken, dass die Szene schon so weit ist.

Manfred erwartet, dass sein Fahrstil unter den Umwelteinflüssen drastischer wird.

Axel hat **Ulla** in die Hand versprochen, seine Fahrt über die Golan-Höhen noch mal zu überdenken.

Jean-Claude will jetzt nur noch an ungeraden Tagen den Ölstand messen und erhofft sich so bessere Ergebnisse.

Rüdiger hat jetzt deutlich mehr Bedenken als früher und will deshalb bis auf Weiteres nur noch Hausstrecken fahren.

Schorsch will nie wieder so eine Saison erleben wie die letzte und ist voller Hoffnung, dass ihm das gelingen kann.

Dirk schließt sich nun einer Initiative gegen Motorradlärm an und will so das Problem von innen heraus bekämpfen.

Tina will ihre Kurvenangst jetzt mit Yoga überwinden und so lange zuhause bleiben.

Timo plant eine Tour durch die sächsische Provinz, um an seiner Grammatik zu arbeiten.

Marlies findet einfach keinen Beifahrer und will es nun mit einem Hund versuchen.

Mark fühlt sich bereit für ein Abenteuer, hat aber noch kein Ziel gefunden, das man nicht erreichen kann.

Konrad und Guido lesen sich gerade gegenseitig den »Kupferwurm« vor und wollen dann weitersehen.

Alexander ist wirklich guter Dinge, dass in diesem Jahr sein Ersatzteil kommt.

Ole plant einen Charity-Ride durchs Wattenmeer und sucht händeringend nach Lösungen.

Lars will Flüchtlingen jetzt kostenlose Fahrstunden geben, schließlich wisse man ja nie.

Klaus-Peter will seinen Dolomiten-Film jetzt auf Spielfilmlänge bringen und castet seit März Komparsen.

Luca hat seine Ducati im Winter blau lackiert, um endlich einmal gegen den Strom zu schwimmen.

Frank hat immer noch ein schlechtes Gewissen wegen seiner Abgaswerte, hat für sich aber entschieden, da jetzt drüber zu stehen.

Jürgen ist seit letztem Herbst Supporter der Hells Angels, fühlt sich trotz allem aber kein bisschen besser.

Hannelore plant einen Motorrad-Gottesdienst auf dem Brocken und rechnet mit positiven Schwingungen.

Friederich will in Zukunft Zeit sparen und seine Werkstatt schon verklagen, bevor er seine Maschine dort in die Reparatur gibt.

Urban hat sich endgültig gegen eine Warnweste entschieden und sieht da auch keinen Spielraum mehr.

Hmm … das müsste es sein. Was mit den anderen so ist, weiß ich jetzt auch nicht. Ach doch, eins noch: **Sammys** Weltreise geht ins elfte Jahr!

So etwas vergisst man ja so leicht …

Willkommen im Forum

Für viele ist das Internet allein deshalb schon ein Segen, weil die Community im Netz einem in der Regel immer irgendwie weiterhelfen kann. Kann – nicht muss …

Z600-Kurti: Hallo Z600-Forum, bin neu hier und habe direkt mal eine Frage: Ich will mir in meine Kiste eine fette Stereoanlage einbauen und suche jetzt möglichst kleine Boxen, die trotzdem sehr leistungsfähig sind. Kann mir da jemand aus dem Forum Tipps geben?

Kawa-Fred: Noch ganz dicht? Kann es sein, dass du dich verlaufen hast? Bist hier nicht im Cruiserschwuchtel-Forum. Ich mein' ja nur.

MightyMurat: Wassis eintlich Steigerung von »peinlich« …?!?

X-Ray-Ron: Besorg dir In-Ear-Kopfhörer und einen MP3-Player und vergiss den Schwachsinn mit den Boxen. Damit machst du dich nur zum Affen, da nimmt man dich in der Szene nicht mehr ernst.

CrazyBee: Also ich würde nie eine Karre mit Stereoanlage klauen.

Z600-Kurti: Danke für die bestimmt gut gemeinten Ratschläge, aber ich wollte hier eigentlich nicht über Sinn und Unsinn diskutieren, sondern hatte nur die schlichte Frage, ob jemand einen Tipp für mich hat …

ABC-Klauhs: im riollert von nem freund im helmfach ham ma ma boxn einbaut, striom von baterir und mit mp3 plyer muski, player anschluss klam ausm tacho raus geil!!!!!

Kawa-Fred: Über Sinn und Unsinn deiner Idee kann man gar nicht diskutieren, denn mehr Unsinn geht nicht!!! Was willste denn damit??? Rumposen am Treff und dich zur Lachnummer machen? Während der Fahrt kannste ja wohl kaum Musik hör'n, wenn du die Kiste so fährst, wie sie gefahren werden will. Mehr habe ich dazu nicht zu sagen.

Ninja-Bo: Bei der Pause Musik hören zu können, hat ja schon was.

Dr.Fighty: Ein Kumpel von mir hat sich mal ne riesige Box in den Beiwagen seines MZ-Gespanns gebaut und dann übern Player den Sound von ner fetten Harley abgespielt. Die Gesichter hättet ihr sehen sollen. Hammer!!

ColonelZ: Also ich find Musik beim Fahren cool. Aber nur mit Stöpsel im Ohr. Volle Pulle durch die Kurven und dabei ebenso volle Pulle AC/DC aufm Ohr – da haste keine weiteren Fragen mehr!

Cannonball51: So schlecht ist das mit der Musik nicht. Aber es ist ähnlich

wie im Cabrio: Wirklich gut ist das nur beim Cruisen. Sobald man etwas schneller unterwegs ist, kannste's auch schon komplett vergessen.

Dr.Fighty: Ist aber auch nichts Neues. Die Honda Silver Wing hatte schon vor 30 Jahren so Dinger eingebaut. Quäkiger Klang und jede Menge Gelächter in der Szene.

Zett-Six: »Musik wird oft nicht schön gefunden, weil sie stets mit Geräusch verbunden.« Ist von Wilhelm Busch.

Konni51: Ist das ein Tuner?

CrazyBee: Wenn eine Karre so leise ist, dass ich während der Fahrt noch Musik hören könnte, will ich die gar nicht fahren …

Juri1: Tut mir echt leid, dass ich eure Diskussion so abrupt abwürgen muss, aber da reicht eigentlich ein kurzer Blick ins amtliche Regelwerk. In § 33 steht wörtlich:»Verboten ist 1.) der Betrieb von Lautsprechern, 2.) das Anbieten von Waren und Leistungen aller Art auf der Straße, 3.) außerhalb geschlossener Ortschaften jede Werbung und Propaganda durch Bild, Schrift, Licht oder Ton, wenn dadurch am Verkehr Teilnehmende in einer den Verkehr gefährdenden oder erschwerenden Weise abgelenkt oder belästigt werden können.« Damit dürfte sich deine Frage final erledigt haben. Vergiss das mit den Lautsprechern einfach. Ist schlicht verboten.

Mister ToyBoy: Also ich wüsste da was für dich: Pyle 800 Watt, wetterfestes Lautsprecher-Kit, 12-Volt-T-TAP, iPod/MP3-Player-kompatibel, Neodym-Magnet-Struktur, 2.25-Zoll Bullet-Style Allwetter-Lautsprecher, 200 Watt x 4 Micro-Verstärker mit Kabelbaum, Universal-Lenkerhaltung, Lautstärke-Drehregler. Kostet so um die hundertfuffzig komplett und macht ne ganz flache Frisur, wenn du direkt davor stehst. Für das Teil brauchste eigentlich ne Gaststätten-Lizenz. Hammer!

Juri1: @Mister ToyBoy Aber dir ist schon klar, dass du dich damit strafbar machst?

Mister ToyBoy: @Juri1 Paragraphen-Blödsinn! Die dicken Tourer haben ab Werk schon Anlagen eingebaut, mit denen kannste eine Party beschallen. Wenn das verboten wäre, könnte das ja wohl nicht sein, oder? Wäre auch totaler Stumpfsinn, denn was ist denn dann mit den fetten Zweizylinder-Vaus, die dir an der Ampel das Trommelfell perforieren? Das ist okay, oder was?!?

Juri1: @Mister ToyBoy Ich habe lediglich die StVO zitiert und finde meine Auslegung dieses Paragraphen jetzt nicht gar so verfehlt. Aber Leuten wie dir ist ja offensichtlich nicht zu helfen.

ColonelZ: Ein Kumpel vonnem Kumpel hat eine fette Anlage in seiner Kiste, irgend so 'ne Riesen-BMW. Der hört immer nur Mukke auss'm Mutanten-Stadl, dieses Trachten-Getröte, halt die akustische Vorhölle. So ein Musikmüll ist auch leise schon peinlich. Und andere Verkehrsteilnehmer werden dadurch in erschwerender Weise abgelenkt oder belästigt, das ist mal sicher.

MightyMurat: Sinn jetz alle bekloppt geworden oder wasslos mit diese Musik-Scheiße hier Mann?!!!

Z600-Kurti: @Mister Toy Boy Hab' mir die Pyle-Anlage im Netz mal angesehen, sieht gut aus. Danke jedenfalls für den Tipp. Würde mir die Lautsprecher nur gern in die Türverkleidungen einbauen, das geht mit den Dingern nicht. Und was soll ich mit einer Lenkerhalterung …?

Mister ToyBoy: Ich kann nicht ganz folgen … was für Türverkleidungen?!? Wovon sprechen wir hier?

Z600-Kurti: Wie … was für Türverkleidungen? Verstehe nicht ganz …

Mister ToyBoy: Also meine Z 600 hat keine Türverkleidungen, nicht mal Türen. Was ist denn das für eine Karre, die du da fährst?

Z600-Kurti: Honda Z 600, Baujahr 72, einer der ersten Kleinwagen von Honda. Das ist hier doch das Z600-Forum … oder nicht?

Kawa-Fred: Als hätt' ich's geahnt …

Dieser Thread wurde beendet …

Immer eine Option

Navigationssoftware wird heutzutage ja immer raffinierter. Was allerdings kein Wunder ist, schließlich wird ja quasi ohne Unterlass intensiv an ihr gearbeitet …

»Du weißt schon, dass die strategische Planung in drei Tagen eine neue Liste von uns will …?«

»Welche Liste meinst du: Die mit den unbezahlten Überstunden? Oder die mit den Tagen, an denen man sich auch halbtot noch ins Büro geschleppt hat?«

»Blödmann. Die mit den Vorschlägen für neue Navi-Optionen. Viel Zeit ist das nicht.«

»Die Nächte mitgerechnet sind das volle 72 Stunden, bei Licht betrachtet eine Ewigkeit. Wie lang soll die Liste denn werden?«

»Unter vier Vorschlägen sollten wir da nicht auftauchen, sonst machen die Sushi aus uns.«

»Okay, dann los. Bring mich doch mal kurz auf den aktuellen Stand, hab jetzt ewig nur Schiffsnavigation gemacht.«

»Zielgruppe sind Motorradfahrer …«

»Heiliger … warum trifft es immer mich?!«

»Wieso? Was hast'n gegen Motorradfahrer?«

»Die schlimmsten Klugscheißer von allen. Das wird etliche Korrektur-Phasen geben, und sei es nur, weil irgendwo ein Schlagloch nicht an der richtigen Stelle sitzt.«

»Gutes Stichwort. Ich hatte mir nämlich tatsächlich schon ein paar Gedanken gemacht.«

»Na super. Wo sollen wir sie lang schicken?«

»Unsere Navis für die Zielgruppe bieten schon die Optionen kurvenreichste Strecke und maximale Höhendifferenz, auch kürzeste Strecke ist sehr beliebt …«

»Äh … warum eigentlich?«

»Keine Ahnung. Ich fahre nicht Motorrad.«

»Ach. Und was haste dir jetzt überlegt?«

»Schlaglöcher. Ich hab mir mal den Motorradmarkt angesehen, und das mit Abstand meistverkaufte Motorrad ist eine Enduro.«

»Das sind Geländemaschinen, richtig?«

»Ich musste es googeln, aber du hast recht. Gut gefedert, Geländereifen und so, und da dachte ich …«

»Da dachtest du, diese Geländefreaks freuen sich bestimmt über Straßen, die eigentlich keine mehr sind.«

»Genau. Ist zwar kein offenes Gelände, kommt dem aber ziemlich nahe.«

»Super-Ansatz, chapeau! Aber wie willst du rausfinden, welche Straßen die meisten Schlaglöcher haben?«

»Wir nehmen nur Kreisstraßen zweiter Ordnung und Wirtschaftswege mit rein. Da haben wir einen durchschnittlichen Investitionsstau von fast 30 Jahren. Die sind also ewig nicht geflickt worden und mit großer Wahrscheinlichkeit auf Augenhöhe mit einem Rübenacker. Im Menü heißt das *Rough Roads*«

»Okay, das sollte sie begeistern. Hoffen wir mal, dass du richtig liegst. Haste noch was?«

»Promenaden.«

»Wie … Promenaden?«

»Ich hab meinen Garagennachbarn mal angesprochen, der fährt auch Motorrad, eine Harley, die Marke kenn sogar ich. Wollte einfach nur wissen, was ihm auf dem Motorrad am meisten Spaß macht. Was er mir dann erzählte, habe ich einfach nur runtergebrochen auf einen Kernbergriff: Promenaden.«

»Ich kann dir nicht ganz folgen … hilf mir.«

»Die wollen gesehen werden! Die suchen keine Kurven, die suchen einen Cat-Walk!«

»Und mit welchen Parametern willst du die bitteschön finden?«

»Sind längst gefunden, vor Jahren schon. Zielgruppe waren da allerdings Fahrer von Supersportwagen und Luxuskarossen. An Motorradfahrer hat damals keiner gedacht. Die haben einfach die Straßen mit der höchsten Dichte an Cafés, Kneipen und Eisdielen gebündelt und die Straßen-Striche noch dazu gepackt. Im Menü heißt die Option *maximale Außen-Gastronomie*. Wenn du also irgendwo unterwegs bist und deine innere Stimme dir plötzlich sagt: It's showtime!, dann schickt das Navi dich punktgenau zum Bühneneingang.«

»Junge, ist das hohl. Aber von mir aus – das wären dann schon zwei.«

»Ich hab noch mehr.«

»Was ist denn mit dir los – willst du befördert werden? Was kommt jetzt noch: Größtmögliche Küstennähe? Oder maximale Dönerbuden-Dichte?«

»Nein, viel schlichter: Vollgas, die Option heißt schlicht *Vmax*. Denn dass wir in Deutschland kein Tempolimit haben, ist doch nicht mehr als ein gern erzähltes Märchen. Wo kann man denn heute noch Vollgas geben?«

»Hmm … Stimmt. Kommt nicht allzu oft vor.«

»Eben. Und wo's noch vorkommt, setzen wir einen Haken.«

»Und dann schickst du die Leute einfach nur die Autobahnen rauf und runter?!«

»Mit bis zu 300 km/h und mehr, wie ich gelesen habe.«

»Was?! Himmel, ich sollte den Job wechseln. Der ständige Blick in solche Abgründe bereitet mir immer öfter Übelkeit. Aber wenn du in der Zielgruppe derart Triebgesteuerte ausgemacht hast und das unseren Strategen vermitteln kannst – in Gottes Namen.«

»Tja, dann hab ich mein Pulver auch schon so gut wie verschossen.«

»Was heißt: So gut wie …?«

»Naja, ich hätte lediglich noch die Option *maximale Korso-Tauglichkeit*.«

»Was soll das jetzt wieder?«

»Keine Ahnung. Ich hab mal in der Verkehrsbehörde nachgefragt, was denen zum Thema Motorrad so einfällt. Die sagten nur: Vollsperrungen.«

»Du sprichst wie immer in Rätseln …«

»Die meisten Anträge auf zeitweise Sperrungen bestimmter Strecken kämen aus der Motorrad-Ecke, weil die gern zu hunderten, manchmal tausenden im kilometerlangen Korso von A nach B fahren.«

»Aber warum?!«

»Ich hab versucht, es herauszufinden, aber … tut mir leid … ich kann's nicht erklären. Ist aber sehr beliebt in der Zielgruppe.«

»Ich fass es nicht!! Da kann man ja Angst kriegen, mit wem man sich die Straße teilt! Also wenn's nach mir ginge, hätten Motorradfahrer in ihrem Navi nur eine Option: *minimaler Menschenkontakt*.«

»Aber damit schickst du sie in die Wüste.«

»Jetzt sag nicht, dass du damit wirklich ein Problem hättest …«

Sie hören: Zukunftsmusik

Bald soll es ja tatsächlich Motorräder geben, die mit dem Fahrer sprechen und im Fall des Falles sogar beruhigend auf ihn einwirken. Kaum auszudenken, wo das hinführen kann …

»Ich les' hier gerade, das Kawasaki an Motorrädern arbeitet, die sich in Zukunft mit dem Fahrer weiterentwickeln können.«

»Wie … weiterentwickeln?!«

»Die basteln an einer künstlichen Intelligenz und nennen das … warte … hier: *Emotion Generation Engine and Natural Language Dialogue System*. Das Teil spricht mit dir und soll sogar eine eigene Persönlichkeit entwickeln.«

»Das Motorrad soll eine eigene Persönlichkeit entwickeln, aha. Und was bitteschön ist daran neu? Ich hatte nie einen Zweifel, dass mein Motorrad eine eigene Persönlichkeit hat. Du ahnst nicht, wie oft wir schon gestritten haben. Auch ohne künstliche Intelligenz.«

»Okay, bestimmt gibt es an deiner alten Kuh so etwas wie eine Tagesform. Aber sie kann sicher nicht dein Gemüt erkennen.«

»Mein Gemüt erkennen?!«

»Genau, hier: Auf Basis der vom Fahrer gesprochenen Wörter kann das durch künstliche Intelligenz kontrollierte System die Absichten und das Gemüt des Fahrers erkennen.«

»Soso. Und was soll das bringen?«

»Warte, ich zitiere: Eine neue Welt von Fahrerlebnissen.«

»Blödsinn! Ich hoffe jedenfalls, ich muss das nicht mehr erleben. Ich fühl mich auch so ganz wohl auf meiner Karre, selbst wenn sie mein Gemüt nicht erkennt.«

»Na komm, warum immer so rückwärtsgewandt? Die Motorradtechnik entwickelt sich halt immer weiter, das wirst du mit deiner Einstellung auch nicht aufhalten.«

»Ich bin nun mal kein Freund von diesem ganzen Elektronik-Firlefanz. Je einfacher ein Motorrad ist, desto besser. Und außerdem: mein Gemüt erkennen – also wirklich – wie soll das denn gehen?«

»Das System ist in der Lage, Emotionen in deiner Stimme zu erkennen und aus deinem Fahrstil abzulesen, was du als nächstes vorhast. Auf dieser Basis kann es dir dann im Bedarfsfall beruhigende Ratschläge geben.«

»Emotionen in der Stimme? Dann müsste ich ja mit meinem Motorrad sprechen.«

»Sag ich doch. Deine Maschine kann dann mit dir kommunizieren.«

»Das fehlt mir noch! Ich hab' Jahre gebraucht, bis ich meine Olle endlich aus dem Kreuz hatte. Die hat mich vom Sozius aus mit beruhigenden Ratschlägen vollgetextet. Manchmal hat die ihr Gequäke in Dauerschleife gesendet, gerne mal quer über den gesamten Alpenkamm! Das letzte, was ich brauch', ist auch noch ein Motorrad, das mir in meine Linie quatscht.«

»So ist das wohl nicht gemeint. Das soll wohl vor allem deiner Sicherheit dienen.«

»Ich weiß, das hat Renate auch immer gesagt. Aber vielen Dank, ich kann noch ganz gut auf mich selber aufpassen.«

»Aber das auch dir manchmal die Pferde durchgehen, hast du schon noch gespeichert? Kleine Gedächtnisstütze: Unser letzter gemeinsamer Ritt in Südtirol.«

»Hö? Was denn?!«

»Als dieser Italiener dich auf der Passstraße übel geschnitten hat und du voll auf Block gehen musstest? Eine Bremsung übrigens, die du nur in der Senk-rechten überstanden hast, weil sich der Elektronik-Firlefanz deines ABS um dich gekümmert hat. Aber das nur am Rande, das meine ich gar nicht. Ich meine dein Verhalten danach.«

»Was war mit meinem Verhalten danach?«

»Du bist wie ein Irrer hinter ihm her geheizt. Ich dachte, du hättest nicht mehr alle Tassen im Stößel.«

»Ich wollte ihm schon ganz gern meine Meinung zu seinem Fahrmanöver mitteilen!«

»Und hast dich dabei völlig übernommen. Der Typ war solo auf einer Monster ohne Gepäck und wahrscheinlich auf seiner Hausstrecke unterwegs, du auf einer restlos abgerittenen GS mit vollen Koffern, Gepäckrolle und Dreimann-Zelt.«

»Mit Ehrgeiz kann man vieles wettmachen.«

»Sicher. Oder sich in Raserei um Kopf und Kragen fahren. In dem Moment hätte ich dir jedenfalls ein Motorrad gewünscht, das dir einen beruhigenden Rat gibt.«

»Und wie sollte der lauten: Ruuuhig Brauner … oder was?!«

»Ich weiß es nicht. Ich lese aber hier gerade, dass das System außerdem

dazu in der Lage sein soll, das Motorrad selbstständig auf die Erfahrung, das Können und den Fahrstil des Fahrers anzupassen. Vielleicht kann es ja dann auch selbstständig die Leistung drosseln, um dich vor deinem Gemütszustand zu beschützen.«

»Sag' mal, was werfen die sich in Japan denn für Drogen ein?!«

»Wieso? So was ist doch schon längst keine Science-Fiction mehr. Wie du als Fahrer gerade drauf bist, ist doch nicht schwer rauszukriegen. Dass würde sogar ganz einfach über die Pulsfrequenz gehen, da reichen zwei Sensoren in den Griffen. Steigt dein Puls über einen gewissen Wert, etwa weil du erregt bist, dann nimmt das System Leistung weg. So gesehen ein echtes Sicherheitsfeature.«

»Ich brauche niemanden, der mir Leistung nimmt, schon gar nicht, wenn ich erregt bin. Mal ganz ab vom Motorradfahren: Auch Renate würde das nicht gutheißen, muha …«

»Also wenn ich das alles richtig verstehe, lernt das Motorrad dich und deine Stärken und Schwächen außerdem ziemlich gut kennen und stellt sich auf dich ein – Fahrwerk, Motormanagement, vielleicht sogar den Reifendruck?«

»Sicher.«

»Außerdem werde mit wachsendem Vertrauen zwischen Fahrer und Motorrad das Fahrvergnügen stetig größer.«

»Für den Fahrer? Oder für das Motorrad?«

»Öhm – das steht hier nicht.«

»Wär ja schon interessant zu wissen, oder? Wann soll es diese Motorräder denn geben?«

»Keine Ahnung. Hier steht nur noch, das nach einer gewissen Zeit das Motorrad die Persönlichkeit des Fahrers reflektiere.«

»Das heißt aber auch, dass das Bike dann manchmal genau so hohl ist wie der Fahrer.«

»Kann womöglich passieren.«

»Welch ein Fortschritt …«

Unter der ehrlichen Haut

Bei schwerwiegenden Gewissensfragen empfiehlt es sich immer, zunächst einmal den Rat eines guten Freundes einzuholen. Das ermöglicht einfach eine ganz andere Sicht auf die Dinge …

»Wass'n mit dir los? Du machst ein Gesicht, als müsstest du morgen früh zur Wurzelbehandlung.«

»Schön wär's. Es ist schlimmer …«

»Darmspiegelung …?!«

»Blödsinn! Die XT …«

»Die XT … aha. Und was ist mit der XT?«

»Die machte doch so komische Geräusche.«

»Du erzähltest davon. Aber wenn ich jedes Mal, wenn meine Karre komische Geräusche macht, so eine Pfanne ziehen würde, könnte ich meine Lachmuskeln versteigern.«

»Sind die Kurbelwellenlager …«

»Was?! Echt?!«

»… oder die Pleuellager.«

»Aua – aber woher willst du das wissen?«

»Von Bob. Unserm Single-Papst. Der hat sein Ohr dran gehalten und wusste sofort Bescheid. Ist sich todsicher. Wäre zwar noch in einem sehr frühen Stadium, aber ebenso unverkennbar wie unabwendbar. Exitus letalis ist vorprogrammiert. Man könnte auch sagen: Fangschuss. Ei drüber.«

»Sagt man bei einer Enduro nicht eher … muhaa … Ende Gelände?!«

»Sehr witzig. Das trifft mich gerade echt hart, Mann. Auf der bin ich durch halb Europa geritten, da trennste dich nicht so leicht.«

»Aber offensichtlich läuft sie noch, zumindest steht sie vor der Tür. Oder haste die auf'm Hänger mit zum Stammtisch gebracht?«

»Quatsch. Der Motor läuft, springt super an. Aber er läuft schon etwas rauher als vorher, steckt auch nicht mehr das gleiche Feuer drin. Und er klang auch minimal anders, fand ich. Deshalb hatte ich ja Bob gebeten, mal reinzuhorchen. Nur hatte ich nicht mit einer so vernichtenden Analyse gerechnet.«

»Verstehe … Aber wenn Bob sich sicher ist, dann ist es auch sicher. Bei der SR von Hugo meinte er neulich ein Pitting auf dem Auslassnocken zu hören, alle haben gelacht. Doch was fand Hugo, als er die Welle ausbaute?«

»Pitting auf dem Auslassnocken.«

»Nein. Pitting auf beiden Nocken. Aber Bobs Heiligenschein leuchtet seitdem in der Szene noch etwas heller.«

»Wie auch immer, die XT ist durch. Ich verabschiede mich gerade innerlich von ihr.«

»Und reparieren …?«

»Passt nicht ins Budget. Aber so gar nicht. Außerdem stecke ich eh' gerade mitten in zwei anderen Großbaustellen, da kann ich mir nicht noch ein Projekt ans Bein hängen. Wenn ich die XT allerdings gut loswerde, könnte ich mich endlich mal nach einer alten CB 450 umsehen. Hätte ja plötzlich wieder ein wenig Spielgeld.«

»Du suchst eine CB 450?!! Seit wann das denn?! Warum haste das denn nicht gesagt?! Hab' dich jedenfalls nie davon reden hören.«

»Das gärt schon lange in mir, war mein erstes Motorrad. Eine K1. Reine Sentimentalität, dass ich so'n Teil gern mal wieder hätte.«

»K1 auch noch …?! Ist ja ein Ding, wusste ich gar nicht. Hmm, was bringt dir denn die XT noch?«

»Was willste für eine 30 Jahre alte Ténéré mit über 90.000 auf der Uhr und fertigem Motor noch verlangen? Vielleicht achthundert.«

»Was?! Mehr nicht?! Aber warte mal. Wer zwingt dich denn, den Motor zu erwähnen? Spiel doch einfach den Ahnungslosen.«

»Ich glaub', ich kann so was nicht. So bin ich nicht gestrickt.«

»Du immer mit deinem Gewissen. Du bist vielleicht eine Mimose, echt zu zimperlich für diese Welt.«

»Also dass die Kiste jetzt etwas anders klingt und auch nicht mehr so zieht, würde wahrscheinlich tatsächlich nicht jeder merken. Aber trotzdem wäre es nicht in Ordnung!«

»Nicht in Ordnung, nicht in Ordnung … Na, und? Warum denn immer nur selber der Beschissene sein? Warum nicht mal die Seiten wechseln?«

»Weil's hinterhältig ist. Ich weiß doch jetzt, was ich dem Käufer andrehe.«

»Du glaubst es zu wissen, weil Bob das glaubt. Vielleicht liegt er mit seinen Diagnosen ja nicht immer richtig.«

»Gerade hast du das Gegenteil behauptet.«

»Ich weiß. Ich will dich ja nur auf die Tür zu einer möglichen Entscheidung hinweisen. Tu doch einfach so, als hättest du Bob nicht gefragt. Dann nimmt auch deine K1 Gestalt an.«

»Stimmt, für eine technisch fitte, frisch getüvte Ténéré aus der Baureihe mit der Laufleistung und in dem Zustand kannst du zwei bis zweieinhalb aufrufen. Ist schließlich ein echter Enduro-Klassiker.«

»Na also. Und mussten wir nicht alle Lehrgeld zahlen für all die Ahnung, die wir nicht hatten? Gehört doch zur Sozialisation dazu, beschissen zu werden und daraus zu lernen.«

»Das kann man auch ganz anders sehen.«

»Soll ja nur ein guter Rat sein. Ich hätte da jedenfalls nicht solche Bedenken. Lass den Käufer den Fehler doch selber finden. Jeder ist seines eigenen Glückes Schmied.«

»Und wenn er ihn nicht findet?! Wenn da so ein ahnungsloses Bürschchen kommt, dass sich die Kohle zusammengekratzt und die Pyrenäen schon im Kopf hat? Soll ich den kaltlächelnd in Andorra final stranden lassen?!«

»Vielleicht kommt ja einer von diesen Retro-Freaks, die fahren das Teil bestenfalls einmal im Jahr auf'm Hänger zum Ténéré-Treffen, bis denen mal ein Pleuellager in die Tourenplanung grätscht, vergehen Jahre. Und außerdem: Muss ich dich an all die Geschichten erinnern, bei denen du selbst über den Tisch gezogen wurdest? Etwa von diesem Lutscher, der dir in die Hand geschworen hat, dass an der XJR nur die Zündung verstellt ist. Dabei fehlten zwei Kolben im Motor. Oder deine garantiert unfallfreie Trude, wo in der Werkstatt auffiel, das der Rahmen einen Knick hatte. Oder deine BSA, die eigentlich eine Triumph war!«

»Stimmt, das war grob. Heißt aber immer noch nicht, das man auch solch ein Arschloch werden muss!«

»Nichts muss man. Ich denk dabei vor allem an dich. Lass es einfach mal sacken.«

»Mal sehen. Ich schlaf mal drüber.«

»Tu das. Ach, und: Wenn du ernsthaft eine gute K1 suchst – ich wüsste, wo eine steht.«

»Ach tatsächlich? Wo denn?«

»In meiner Garage. Läuft astrein. Aber so um die zwei müsste ich dafür schon haben – also unter Freunden …«

Aussterbende Arten

Auch wenn's keiner so wirklich gemerkt hat, ist erst vor Kurzem das allerletzte Mofa von uns gegangen. Da kann man glatt nochmal ins Schwärmen kommen …

»Sag' mal, stimmt das?! Es gibt keine Mofas mehr? Kumma, das war wohl die letzte, eine Peugeot. Ist jetzt aber auch vom Markt genommen.«

»Hmm … Die Dinger sehen immer noch so kacke aus wie früher. Wer behauptet denn, dass das die letzte war?«

»Kalle. Der hat auch das Bild geschickt.«

»Und wenn schon. Trauerst du etwa?«

»Quatsch. Natürlich nicht. Obwohl …«

»Was – obwohl?«

»Na ja – Stürze, Unwetterfahrten, Motorschäden, Polizeikontrollen – all das hab ich auf dem Typ 444-02 zum allerersten Mal erlebt. Der Umstieg vom Klapprad aufs Mofa eröffnete mir damals jedenfalls vollkommen neue Horizonte, ich weiß noch, wie Ronnie und ich als erstes eine Tour nach Amsterdam planten.«

»Ronnie? Hab ich kein Gesicht zu …«

»Ist ja auch vierzig Jahre her. Außerdem gehörte er zu meiner Mofa-Clique, und du bist ja nie Mofa gefahren.«

»Ich hätte mich nie auf so 'nem Ding sehen lassen. Hab lieber noch ein Jahr durchgehalten und dann direkt die RS angemeldet.«

»Was für eine geile Zeit, oder? Weisse noch – muhaaha –, wie der alte Jablonski seinen Rennstall geschreddert hat?!«

»Jablonski …?«

»Der Taubenvatter aus der Zechensiedlung! Der brachte seine Taubenkörbe immer mit 'ner Bergsteiger auff'm Hänger zum Abflugplatz. An dem Tag lief seine Karre nicht, deshalb hatte er sich die Hobby-Rider von seinem Neffen geborgt. Die war heißgemacht ohne Ende, aber das hatte er nicht auf dem Schirm. Die Kurve unten an der Frittenbude wurde ihm dann zum Verhängnis. Total-Abflug, Karre restlos im Eimer, Jablonski in der Klinik, Straße voller Federn, Rennstall bis auf Weiteres aufgelöst. Stand damals sogar in der Zeitung.«

»Stimmt, erinnere mich schwach …«

»Aber ich hab' mich auch oft auf die Fresse gelegt. Bei Nässe war mein Chamäleon fast unfahrbar, aber ich hatte keine Kohle, um mir Profil auf den Reifen zu leisten.«

»Wieso Chamäleon?«

»Ich hab die doch ständig umlackiert. Ein Skat-Bruder von meinem alten Herrn arbeitete damals innem Autozubehör-Laden, der brachte mir immer Sprühlack mit.«

»Ich kann mich an schwarz-gelb erinnern.«

»Am Ende. Das war ihr Totenkleid. Davor war sie Hammerschlag-Blau. Davor rot mit Streifen. Davor grün, einmal auch weiß. Als meine Eltern sie mir kauften, war sie orange.«

»Warst du das nicht auch, der ständig sein Endrohr absprengte wie eine Raketenstufe?«

»Jo – als sie siebzig lief, also nicht lange.«

»Du hast immer behauptet, dass sie so schnell ist. Einen Nachweis hattest du nicht.«

»So weit ging der Tacho ja gar nicht. Aber auf der langen Geraden runter zum Kanal hab ich mal Flachkamps Flory stehen lassen. Der hatte auf seiner Karre doch den Klasse-4-Kopf drauf, das Ding hatte richtig Foffo …«

»Holger Flachkamp … achgottjasicher … aber der hat zu der Zeit doch schon zwei Zentner gewogen. Ohne Tuning hätte eine Mofa den doch kaum von der Stelle gezogen.«

»Aber die abschüssige Gerade rauschte er mit seiner Schwungmasse wie eine Lawine runter. Genau da haben sie ihn mal geblitzt, mit 68, hab den Wisch gesehen. Und ich war definitiv schneller, zumindest einmal …«

»Und dann?«

»Hat's ein total krankes Geräusch gegeben, irgendwas zwischen Knallen und Bersten, und der Vergaser hatte ein Loch. Da hatte Manni wohl etwas zu viel gefeilt.«

»Wer war noch gleich Manni …?«

»Der Typ vom Garagenhof nebenan, wo mein Alter seinen Golf parkte. Der immer an alten Motorrädern schraubte, die dann doch nicht liefen. Der hat mir als erster gezeigt, wie man Motoren schneller kriegt.«

»Mit einer Feile …?!?«

»Da muss mehr Gemisch durch, hat er immer gesagt, viel hilft viel, und solche Sachen. Der hat so lange in meinem Vergaser rumgeschruppt, bis die

Wände schon leicht transparent wurden. Nicht nachhaltig, aber effektiv.«

»Wie jetzt?«

»Weil sie superschnell war, aber ständig im Eimer. Manni meinte immer, das kann gar nicht sein, faselte was von gehärteter Kurbelwelle und Stahlpleuel und das der Motor das abkönnen muss. Ein anderes Ritzel war auch drauf, und ein Garelli-Auspuff. Mit der Übersetzung kam ich an der Ampel kaum aus den Pötten, deshalb hab ich da auch meist nie gehalten. Aber einmal in Fahrt, hörte die Kiste nicht mehr auf zu drehen. Westlich der Emscher war ich ohne Konkurrenz.«

»Und wieso die ständigen Farbwechsel?«

»Wegen dem Bremser. An den wirst du dich doch wohl erinnern!?«

»Der Bremser! Stimmt, den gab's ja auch noch. Der schlimmste Motorrad-Bulle ever.«

»Genau. Der hatte mich schon zweimal gerippt, und ich wollte nicht, dass der mich immer schon von weitem wiedererkennt.«

»Und? Hat das geholfen?«

»Durchaus. Bis ich dann auf der Goethestraße einen roten Passat überholte, ohne zu ahnen, dass ich gerade eine Zivilstreife versäge. Und wer saß drin …?«

»Der Bremser?«

»Jau. Die Karre haben sie stillgelegt und mich mit dann bei meinen Eltern abgeliefert. War ein großes Hallo, als mein Alter die Tür aufmachte. Deshalb bin ich auch nie Moped gefahren. Durfte nicht. Und das Bußgeld musste ich auch bezahlen.«

»Heute lachen wir drüber …«

»Deshalb ist es ja schon irgendwie schade, wenn diese Teile jetzt von der Bildfläche verschwinden, findste nicht?«

»Was soll's? Heute haben die Kids dafür diese kleinen Roller.«

»Die Plastikblasen sind doch der Horror, so hässlich konnte eine Mofa gar nicht sein.«

»Aber ich hab neulich gelesen, dass die Grünen in Bottrop einen Roller gestoppt haben, der mit mehr als 80 Sachen unterwegs war.«

»Naja, wenigstens etwas …«

Was wissen wir schon?

Es ist nicht wirklich leicht, zum richtigen Treibstoff für die Zukunft der individuellen Mobilität eine eindeutige Meinung zu haben. Schon gut, wenn man sich dann mal austauscht …

»Also ich blick's nicht mehr – soll Wasserstoff jetzt der Treibstoff der Zukunft werden oder nicht?«

»Hm, keine Ahnung. Man hört mal so, mal so. Gibt wohl viel Pro und Contra bei dem Thema.«

»Aber allein der Gedanke ist doch Irrwitz. Angeblich muss man mehr Energie reinstecken, um Wasserstoff zu produzieren, als man dann Energie damit gewinnt.«

»Echt? Ist das wirklich so?«

»Genau weiß ich das auch nicht, aber man hört ja so einiges.«

»So wie ich es verstanden habe, kommt es ja wohl darauf an, welche Art von Energie man reinsteckt, um ihn zu produzieren. Wenn das nur regenerative Energien sind, ist das doch okay.«

»Was ist daran okay?«

»Ist doch logisch: Wenn ich zur Produktion von Wasserstoff nur Strom nutze, den ich aus Wind- oder Wasserkraftanlagen oder gar aus der Sonne gewonnen habe, ist es doch wurscht, wie viel Energie ich reinstecken muss. Schadet doch keinem, macht keine Emissionen – kapiert?«

»Aber wird es dadurch sinnvoller?«

»Sinnvoller jedenfalls, als wenn ich mit Öl, Kohle und Uran die Umwelt verpeste, um sauberen Wasserstoff zu produzieren. Das ist dann eher ein schlechter Witz.«

»Aber ich habe doch gerade noch gelesen, dass wir derzeit Lichtjahre davon entfernt sind, dafür ausreichende Kapazitäten an regenerativer Energie zu haben. Im Moment ist das doch alles eher Märchen als Realität.«

»Quatsch. Ich habe gelesen, da werden gerade Riesenfortschritte gemacht.«

»Aha. Und was ist jetzt richtig?«

»Keine Ahnung.«

»Ich denke, die erzählen uns doch alle einen vom Pferd! Das soll doch alles nur vom eigentlichen Problem ablenken.«

»Welches eigentliche Problem?«

»Keine Ahnung, davon werden wir ja abgelenkt.«

»Glaubst du nicht, du verrennst dich da in krude Verschwörungstheorien?«

»Theorie?! Von wegen Theorie! Warum haben wir denn nicht da weiter gemacht, wo wir schon längst waren?«

»Öhm … Ich kann dir grad nicht folgen.«

»Nur ein Beispiel: Wann wurde das erste Automobil gebaut?«

»Wenn ich nicht irre, war das 1886 von Gottlieb Daimler und Carl B…«

»Falsch! Das erste Automobil baute ein gewisser Robert Anderson in Aberdeen in Schottland, und zwar im Jahr 1839, also fast 50 Jahre vorher. Es war ein Elektrofahrzeug mit wiederaufladbaren Batterien. Was sagst du jetzt?«

»Dass ich das kaum glauben kann.«

»Schon Kaiser Wilhelm II hatte drei Elektrofahrzeuge in seinem Fuhrpark!«

»Hatte er?«

»Er hatte. Hier, hab' ich neulich mal rausgesucht: 1900 gab es in den USA 75 Automobil-Hersteller, die in dem Jahr insgesamt 4192 Automobile produzierten, Davon waren 1688 Dampfautomobile, 1575 Elektrofahrzeuge und nur 929 Benzinfahrzeuge. Warum hat man da nicht weiter gemacht?«

»Weil dann Öl aus der Erde schoss und alle glaubten, dass hört nie auf.«

»Nein, es lag an der Monopolisierung des Erdöls durch Rockefeller und Konsorten.«

»Ach, du lieber Himmel, jetzt geht das wieder los! Kommt jetzt wieder deine Kapitalismus-Brandrede? Bitte verschone mich, ich kenne sie in allen Einzelheiten.«

»Das glaube ich kaum. Ferdinand Porsches erstes Auto? Ein Elektrofahrzeug. Das erste Auto, das die 100-km/h-Schallmauer durchbrach, und zwar schon 1899? Ein Elektrofahrzeug!«

»Was willst du mir eigentlich sagen?«

»Dass unsere Probleme hausgemacht sind. Aber nicht von uns, sondern von denen, die prächtig daran verdienen.«

»Ach jetzt hör aber …«

»Henry Ford zum Beispiel, kein Unbekannter also, präsentierte schon Ende des 19. Jahrhunderts ein Auto, das mit Ethanol fährt, 1941 dann sogar ein Auto, das auf dem Acker wächst. Die Karosserie war aus Pflanzenfasern, der Motor lief mit Hanföl. Alles funktionierte längst, aber warum hat man ihm so lange das Leben schwer gemacht, bis er es schließlich aufgab?«

»Du wirst es mir sicher gleich sagen.«

»Muss ich das wirklich?! Oder Rudolf Diesel – was ist mit dem?!«

»Nicht mehr viel, glaub' ich. Ich würde vermuten, er lebt nicht mehr.«

»Genau. Aber bis heute weiß keiner, wieso er auf einer Passage nach London wie vom Schiffsboden verschwand und erst Tage später als Wasserleiche wieder gefunden wurde. Warum nur?«

»Bitte, hör auf. Ich kann nicht mehr …«

»Schon 1951 wurden in 48 Klärwerken in Deutschland über 16 Millionen Kubikmeter Faulgas hergestellt, von dem mehr als die Hälfte an Kraftfahrzeuge verteilt wurde. Treibstoff aus Kuhscheiße – genial! Warum hat man damit aufgehört?«

»ICH WEISS ES NICHT! Sag's mir!«

»Öhm … Ich weiß es auch nicht. Wir sind halt abgelenkt.«

»Okay, sei abgelenkt. Ich hab' jedenfalls gehört, dass Elektro-Mobilität auch keine Lösung ist. In den Akkus steckt mehr Gift als in der Asse, und überhaupt ist diese ganze Batterie-Technik auf Dauer doch keine Lösung. Wenn alle Welt nur noch elektrisch unterwegs ist, wo soll denn dafür das ganze Lithium herkommen?«

»Keine Ahnung …«

»Ich auch nicht.«

»Gibt es eigentlich irgendetwas, das wir wirklich wissen?«

»Nun ja, draußen stehen unsere Karren, und das Wetter soll später noch schön werden.«

»Bist du sicher …?«

Gewichtsprobleme

Will man auf der Suche nach dem richtigen Motorrad erfolgreich sein, sollte man nicht allein der Vernunft folgen. Auch wenn manche das nicht wahrhaben wollen.

»Haste schon gehört? Rudi baut sich gerade einen Cafe Racer. Hat mir sogar meinen alten Höcker abgeschwatzt.«

»Rudi auf 'nem Cafe Racer?! Wie soll das denn gehen?! Der kriegt seine Plauze doch kaum hinter seine Wing-Verkleidung. Wie will der denn an die Stummel kommen?«

»Äh … gesehen hab' ich ihn auf dem Ding noch nicht. Er hat nur gesagt, dass er sich so was bauen will. Glaubst du nicht, er wird schon wissen, was er tut?«

»Das kann nicht gehen. Ein Kragenbär, der auf 'ner Monkey Achten fährt, okay. Aber Rudi auf 'nem Cafe Racer? No way!«

»Vielleicht macht er sich ja einen … muhahaa … einen Ape-Hanger dran!«

»Dann ist es kein Cafe Racer mehr.«

»Ach, was weiß denn ich?! Fahr' ihn besuchen und frag' ihn selber.«

»Hmm … sorry, aber ich kann das nicht verstehen. Wieso tut man sich so einen flachen Racer an, wenn man mit Fünflingen schwanger ist?«

»Ich nehme mal an, weil er da gesteigerten Bock drauf hat. Ist doch egal, oder?«

»Aber das ist doch Bullshit! Er baut sich ein Motorrad, dass er nicht fahren kann! Hast du mal in den Kragen seiner Kombi gekuckt? So viele Xe hast du noch nicht gesehen!«

»Ääh, was? Xe? Was für Xe?«

»Mann, du stehst auch auf der Leitung, oder? Ich mein' die Größenangabe, bei ihm steht da 8 XL! Acht!! Ich wusste gar nicht, dass es so was gibt. Aus seiner Kutte könnte sich ein Mongole eine feine Reise-Jurte klöppeln. Mit 'ner Wing ist der gut bedient. Cafe Racer … tsss … so'n Blödsinn!«

»Oh, hast du heute deinen Toleranz-Tag? Was mopperste denn so ätzend rum? Lass ihn doch einfach machen! Was geht es dich an, wie Rudi sein Nirvana findet?«

»Manchmal gehen mir solche Voll-Honks einfach aufn Pinn! Dieser Schorsch ist auch son Exemplar.«

»Schorsch …? Sagt mir jetzt nix.«

»Na, der Pykniker mit der orangefarbenen Lederkombi! Der auf seiner

Rennsemmel aussieht wie ein außer Kontrolle geratener Hüpfball!«

»Ach der, klar! Wusste gar nicht, dass der Schorsch heißt. Manni nannte ihm immer nur die Tauchglocke. Hat der sich nicht diesen blöden Spruch auf den Rücken nähen lassen?«

»Stimmt, Loud and Proud – allein das ist schon peinlich. Viel treffender wäre: Ich bin zwei Öltanks. Aber wie auch immer, genau den mein' ich jedenfalls. Hab' ihn neulich in der Werkstatt getroffen, da blätterte er gerade in so 'nem Katalog für Speed-Parts. Suchte nach Carbon-Teilen für seine Suzuki. Der brauchte all seine dicken Fingerchen, um auszurechnen, um wie viele hundert Gramm seine Karre leichter wird, wenn er alle Kunststoff- durch Carbonteile ersetzt. Was für ein Humbug! Der könnte in ganz anderen Dimensionen rechnen, ließe er sich einfach nur seine Brüste verkleinern!«

»Ich weiß schon, was du meinst. Aber nochmal: Was geht es dich an, wie andere ihr Seelenheil finden? Das kann dir doch vollkommen egal sein! Lass doch jeden, wie er will.«

»Würd' ich ja vielleicht auch, aber dieser Schorsch kaut mir dann auch noch ein Ohr ab und schwärmt davon, wie super seine Kiste um die Ecken geht, weil sie jetzt schon mehr als zehn Kilo leichter gemacht hat. Da kann ich doch nur lachen!«

»Dann lach' doch einfach. Macht auch nicht so viele Falten.«

»Leicht gesagt. Aber solche Klugscheißer machen mich echt mürbe. Warum werden Unsummen in Forschung und Entwicklung gesteckt und aufwendigste Konstruktionen ausgetüftelt, um den Schwerpunkt eines Motorrades so weit es nur eben geht nach unten zu verlagern, wenn dann obendrauf zwei bis drei Zentner Mensch den Höllenaufwand ad absurdum führen?! Und mir dann auch noch mit schlauen Vorträgen kommen, wie positiv sich das geringere Gewicht auf die Fahrphysik auswirkt. Mann, der Typ sieht auf seiner Kiste von hinten aus wie ein Riesengolfball auf seinem Tee!«

»Na und?! Hast du Rudi schon mal den Kopf schütteln sehen? Musste mal genau hingucken: Wenn sein Ochsenschädel hin und her wackelt, dann geraten die Speckringe seines Doppelkinns in eine gegenläufige Pendelbewegung, fast wie ein Ausgleichsgewicht. Rein physikalisch durchaus sinnvoll. Schon faszinierend, wie die Natur das immer wieder einrichtet.«

»Zwei Schweinshaxen weniger zum Frühstück, und die Natur könnte sich um wichtigere Sachen kümmern.«

»Jetzt mach' mal halblang! Dein Genöle nervt, und zwar gar nicht mal so

wenig. Erzähl' mir doch lieber mal, ob du deine Harley wieder ans Laufen gekriegt hast.«

»Hör' mir bloß auf, noch so 'n Lieblingsthema von mir! Kaum hatte ich die Mechanik im Griff, da hat die Elektrik den Geist aufgegeben. Das hat mir den Rest gegeben. Hab sie weggegeben. So wie sie war. Hatte das ständige Gefummel endgültig satt.«

»Wie, du hast dich von deiner Harley getrennt? Hätt' ich nicht für möglich gehalten, dass du die jemals hergibst.«

»Wie gesagt, war die Schrauberei leid. Ich will jetzt nicht mehr basteln. Ich will fahren.«

»Aha. Und? Schon was anderes im Auge?«

»Nicht nur im Auge. Steht schon bei mir in der Garage.«

»Wie, du hast ein neues Bike und sagst nix?«

»Aber ich erzähl's dir doch gerade.«

»Ja, und? Sag' schon: Was fährste jetzt?«

»R 1200 GS Adventure. Flammneu. War ich schon länger scharf drauf.«

»Ist nicht dein Ernst! Du auf 'ner Adventure?! Die ist doch riesig! Vor allem riesig hoch! Und du bist doch höchstens einen Meter sechzig!«

»Dreiundsechzig …«

»Aber ist das nicht vielleicht genauso daneben wie Rudis Cafe Racer-Traum?«

»Wieso? Ich komm' ganz locker an den Lenker …«

Die guten alten Zeiten …

… sind unwiederbringlich vorbei. Spätestens seit die Elektronik im Motorradbau Einzug hielt, kam auch der Wandel. Doch schaut man etwas genauer hin, lassen sich bisweilen noch immer Parallelen ausmachen …

»Hier steht, dass die H2 jetzt noch mehr Power hat! 231 fette PS soll die drücken! Hammer!«

»Hä? H2? Wovon redest du?«

»Kawasaki H2, dieses Ninja-Carbon-Dingsbums-Geschoss – kennste doch.«

»Nö. Neue Motorräder interessieren mich schon lange nicht mehr, erst recht nicht diese unfahrbaren Testosteron-Monster, mit denen du dich bestenfalls in den Himmel schießen kannst. Dieser ganze Technik-Kokolores und Leistungswahn geht spurlos an mir vorbei. Das sollte dir doch nicht neu sein, oder?«

»Ich weiß, ich weiß. Mehr Old School als du kann man wohl kaum sein. Aber du kriegst doch wohl trotzdem noch mit, was gerade so angesagt ist.«

»Hab' ich aufgegeben. Verplemperte Zeit.«

»Na hör' mal …«

»Was denn?! Wozu soll ich noch auf dem Schirm haben, was gerade angesagt ist? Wer soll sich das denn alles merken? Früher hatte BMW mal drei Modelle im Programm, heute sind es … dreißig? Dazu ständige Modellwechsel, ist doch vollkommen meschugge.«

»Na die Zeiten ändern sich nun mal! Und als BMW drei Modelle im Programm hatte – das ist ein halbes Jahrhundert her!«

»Grundsolide Maschinen mit ausreichend Leistung. Mehr Motorrad braucht kein Mensch. Bis heute nicht.«

»Das kann man ja wohl so und so sehen. Also ich bin ganz froh, dass ich nicht mehr auf so einer alten Mühle rumreite wie du.«

»Musst du ja auch nicht. Freu' dich von mir aus über die 150 PS in deinem Fünf-Zentner-Trumm, aber lass mich damit in Ruhe.«

»Es sind nur 135 PS. Und auch nur knapp fünf Zentner.«

»Das macht es nicht besser. Gnadenlos übermotorisiert. Zentner zu schwer. Wer will denn so etwas noch beherrschen?«

»Aber dass es inzwischen zahlreiche Assistenzsysteme am Motorrad gibt, ist dir schon noch geläufig? ABS, Traktionskontrolle, semiaktive Fahrwerke …?«

»Ich lebe ja nicht auf dem Mond! Trotzdem brauche ich das alles nicht.«

»Na, da kommen aber schwere Zeiten auf dich zu. Das wird ja alles noch viel wilder.«

»Wie jetzt?«

»Stichwort Digitalisierung. Haste doch auch schon mal von gehört, nehme ich an.«

»Schon. Und?«

»Naja, das Motorrad wird in Zukunft noch intelligenter werden. Da gibt's schon die dollsten Sachen. Nur eine Frage der Zeit, bis diese Entwicklungen in die Serie einfließen.«

»Zum Beispiel?«

»Zum Beispiel Kommunikationssysteme zwischen Motorrädern und anderen Fahrzeugen. Das eliminiert das Risiko, dass der Blindfisch hinter dem Lenkrad dich auf dem Motorrad nicht sieht. Sein Auto erkennt dich ganz sicher, und das sogar schon sehr früh.«

»Na toll. Habe die letzten vierzig Jahre auch ohne so'n Tinnef überlebt. Musst nur die richtigen Instinkte entwickeln, dann brauchste auch keine Autos mit Augen.«

»Also, deine Instinkte in Ehren, aber du kannst doch nicht abstreiten, das solche Technologien das Motorradfahrern erheblich sicherer machen würden.«

»Sicherer?! So etwas funktioniert doch nur, wenn auch jedes Fahrzeug solch ein System hat. Wie lange soll das denn dauern? Wir sprechen aktuell von knapp viereinhalb Millionen Motorrädern und rund 50 Millionen Pkw und Lkw allein in Deutschland!«

»Natürlich dauert das alles seine Zeit, aber mit anderen Systemen war das doch auch so. Nimm' nur das ABS. Das gab es schon seit den sechziger Jahren für Autos, 1988 erstmals fürs Motorrad, damals bei den K-100-BMWs. Heute gibt es kein Fahrzeug mehr ohne ABS.«

»Na super. Hat ja nur rund fünfzig Jahre gedauert, ging ja total fix. Wenn das exemplarisch ist, haben bestimmt schon im Jahr 2070 alle Fahrzeuge so ein Kommunikationssystem. Da wäre ich dann knapp 120 Jahre alt.«

»Du kannst alles immer nur schlechtreden. Das geht sicher deutlich schneller.«

»Selbst wenn es schneller ginge, brächte es doch erst mal noch mehr Gefahren!«

»Wieso das denn?!«

»Naja, stell' dir doch mal vor, dass schon neunzig Prozent aller Fahrzeuge so ein System haben, zehn Prozent aber noch nicht.«

»Ja, und?«

»Dann werden sich die Autofahrer doch längst blind auf dieses System verlassen und selber noch weniger aufmerksam sein. Motorradfahrer wie mich haben die dann doch gar nicht mehr auf dem Radar, weil ihr tolles System mich schlicht nicht erkennt.«

»Na ja, du könntest ja dann ein Motorrad fahren, das auch so ein Sys…«

»Wird nie passieren, vergiss es! Solche Systeme werden immer nur in der Theorie funktionieren, für die Praxis taugt das nix.«

»Ich sehe schon, mit dir ist nicht zu reden. Aber es gibt auch digitale Systeme, die jetzt schon die individuelle Sicherheit erhöhen.«

»Als da wären?«

»Head-Up-Displays zum Beispiel. Da werden dir alle relevanten Fahrzeugdaten ins Visier projiziert. Brauchst den Blick nicht mehr von der Straße zu nehmen.«

»Auch so'n Quatsch! Erstens kann ich Drehzahl und Tempo auch so einschätzen. Und zweitens möchte ich sehen, wie die so 'ne Projektion in eine alte Climax kriegen.«

»Jetzt sei nicht albern. Natürlich musst du dafür auch einen modernen Integral …«

»Schluss jetzt! Lass mich mit diesem ganzen Digital-Elektronik-Assistenz-Gedöns in Ruhe! Und auch mit deiner neuen Carbon-H2, falls Kawasaki so etwas wirklich baut! Die alte H2 aus den Siebzigern, das war ein Motorrad, über das du mit mir reden kannst! Das Teil war der absolute Hammer!«

»Sorry, aber war das nicht so ein unfahrbares Testosteron-Monster, mit dem du dich bestenfalls in den Himmel schießen konntest? Mit einem völlig überzüchteten Motor, aber leider keinem Fahrwerk?«

»So kann man das nicht sehen …«

Moderne Klangwelten

Motorräder werden heutzutage ja oft als deutlich zu laut empfunden. Elektro-Motorräder indes haben erstaunlicherweise ein ganz anderes Problem: Sie sind nicht laut genug.

»Also bei der neuen Harley bin ich ja am allermeisten auf den Sound gespannt.«

»Was soll daran spannend sein? Harleys klingen doch immer gleich.«

»Na, die sicher nicht. Ich mein' diese Harley für die Steckdose, wie heißt die noch … LiveWire oder so …«

»Das E-Bike? AuWire wäre treffender.«

»Wie, Au …?«

»Vergiss es. Bauen die diese Kiste jetzt etwa wirklich? Hatte das bloß für'n Marketing-Gag gehalten. Wer braucht denn eine E-Harley?«

»Keine Ahnung. Vielleicht zeigen sich ja die Hells Angels umweltbewusst und steigen um auf Gleichstrom.«

»Eine Harley ohne Auspuff … Das ist doch wie – wie – vegane Wurst.«

»Sieht aber gar nicht so schlecht aus, die Wurst. Zwar nicht wie 'ne Harley, aber doch ziemlich knackig. Und einen guten Sound wird sie sicher auch bekommen.«

»Sound? Wo soll der denn herkommen? Elektromotoren haben keinen Sound.«

»Stimmt schon. Aber einen Sound müssen sie trotzdem haben. Ist Vorschrift.«

»Wie jetzt … Wasn für 'ne Vorschrift?«

»EU halt. Besagt, dass Elektrofahrzeuge beim Fahren Geräusche erzeugen müssen. Nennt sich Acoustic Vehicle Alert System. Abgekürzt AVAS.«

»Ach was …«

»Das übernehmen die eins zu eins aus Ami-Land. Die ganzen E-Kisten sind angeblich sonst viel zu leise, wenn sie langsam fahren. Der Sound kommt dann wohl von einem Generator.«

»Was denn für 'n Sound?«

»Ja das mein' ich doch! Da ist fast alles denkbar. Deshalb bin ich ja gespannt, was die Harley-Leute sich da einfallen lassen.«

»Vielleicht haben sie ja Humor und nehmen die Filmmusik von Psycho.

Genau den Moment, wo die Trulla unter der Dusche steht und Norman Bates reinkommt.«

»Musik ist nicht erlaubt. Außerdem ist der gewünschte Effekt nicht ein Herzstillstand, sondern eine Warnung.«

»Keine Musik – schade eigentlich. Wäre sonst so einfach, den Marken einen Sound zuzuordnen: ZZ Top für Harley, die Stones für Triumph und Celentano für Ducati, … Azzurro. Höhö, wär' doch lustig.«

»Schön doof wär' das. Und welche Musik passt zu BMW?«

»Hmm … Biermösl Blosn …!«

»Muhaa … aber mit Klappe in der Tuba!«

»Mal im Ernst – ist das nicht völlig gaga? Da arbeiten sie Jahrzehnte lang darauf hin, dass die Fahrzeuge leiser werden, und jetzt müssen sie künstlich Lärm machen.«

»Keinen Lärm machen, sondern nur ein Geräusch abgeben. Auch keinen statischen Dauerton. Vielmehr muss das Geräusch auf das Fahrverhalten hinweisen«

»Wie jetzt?«

»Na ja, man muss erkennen können, ob das Fahrzeug beschleunigt oder abbremst. Da gibt es sogar schon ein Beispiel für.«

»Hö? Welches E-Fahrzeug gibt denn schon Töne von sich?«

»Keins. Aber es gibt ein Klangbeispiel im Internet, hab's mir schon angehört. Ist ein Vorschlag der Wirtschaftskommission der Vereinten Nationen.«

»Und? Wie klingt das?«

»Hmm … Wie soll ich sagen? Stell dir einfach vor, du krümmst die Raumzeit.«

»Was krümm' ich?!«

»Die Raumzeit. So klingt es in etwa, wenn Lieutenant Zulu die Enterprise mal eben von Warp 2 auf Warp 6 beschleunigt. Wie ein intergalaktischer Tinnitus. Wenn das Schule macht, werden für die Hersteller von Ohrenstöpseln goldene Zeiten anbrechen. Ist eh' umstritten, ob das mit der Soundpflicht überhaupt Sinn macht.«

»Wie – umstritten? Entweder zu leise oder nicht. Worüber kann man da streiten?«

»Dummerweise gibt es Studien dazu, die sich widersprechen. Die Amerikaner glauben herausgefunden zu haben, dass sich das Unfallrisiko durch die leisen Fahrzeuge mehr als verdoppelt. Deutsche Wissenschaftler hingegen haben den Beweis geliefert, dass es gar keinen Unterschied gibt.«

»Und wie haben sie das herausgefunden?«

»Indem sie ein paar hundert Testkandidaten in einer verkehrsberuhigten Zone auf die gleichen Umweltbedingungen losgelassen haben. Die Kandidaten entsprachen außerdem in den relevanten Punkten dem Bevölkerungsdurchschnitt.«

»Heißt jetzt was genau?«

»Ein Sechstel war schwerhörig, ein Fünftel sehbehindert oder gleich ganz blind.«

»Hmm, wenn ich unterwegs bin, habe ich immer den Eindruck, das müssen deutlich mehr sein. Vor allem die Blinden …«

»Wie auch immer, die Testpersonen hatten jedenfalls die Aufgabe, die Geräusche vorbeifahrender Fahrzeuge zu beurteilen.«

»Ja und?«

»Nix. Die konnten keine Unterschiede feststellen, die Ergebnisse waren eindeutig. Selbst Benziner sind bei langsamer Fahrt heute so leise, da hörste quasi nix mehr.«

»Und warum dann diese EU-Vorschrift?«

»Gute Frage. Nächste Frage.«

»Andererseits kann ich mir auch nicht vorstellen, dass die Hersteller sich diese Gelegenheit entgehen lassen.«

»Welche Gelegenheit?«

»Ihren Karren einen individuellen Sound zu verpassen. Sound-Engineering halt. Emotionen und so. Die überlassen es heute ja nicht mal mehr dem Zufall, wie es klingt, wenn du in den Sitz furzt.«

»Aber selbst das Umweltbundesamt lehnt den künstlichen Sound ab. Die fordern stattdessen eine Technik, die es dem Fahrer erlaubt, manuell ein Signal zu erzeugen, um auf sich aufmerksam zu machen.«

»Warte mal. Von so etwas meine ich schon gehört zu haben. Ich glaube, man nennt es – genau: Hupe!«

Born to be blöd

Motorradfahrer haben gegen viele Klischees anzukämpfen. Da ist es nur gut, wenn die Filmindustrie mal ein paar Dinge geraderückt.

»Und? Noch 'n Bier irgendwo?«

»Pfff … Von mir aus.«

»Bist so brummelig. Is' was?«

»Ich fühl' mich einfach nur verarscht.«

»Von wem? Hab' ich was verpasst?«

»Du hast den Film doch auch gesehen! Oder warst das nicht du, der gerade im Kino neben mir gesessen hat?«

»Natürlich war ich das, was soll das jetzt? Hat dir der Film etwa nicht gefallen?«

»Nicht gefallen?! Das war das größte cineastische Desaster, dem ich in den letzten zehn Jahren beiwohnen musste.«

»Echt? Na, so schlimm fand' ich es nicht. War doch stellenweise ganz lustig.«

»Eine Szene! Nenn' mir nur eine Szene, die lustig war.«

»Na ja, zum Beispiel … Warte, genau: zum Beispiel die, wo der eine am Baum hängt und der …«

»… und der andere ihn abpflücken will und dann selber dranhängt, weil das Seil nicht reißt. Sag' mir, dass du das wirklich lustig findest, und ich überlege mir das mit unserer Freundschaft noch mal.«

»Jetzt hör' aber auf, du übertreibst.«

»Du bist halt kein Motorradfahrer, du kannst das nicht verstehen.«

»Ach! Ich verstehe das also nicht? Vielleicht kannst du mir ja dann mal kurz die Welt erklären, so aus Sicht eines Motorradfahrers. Na los, fang schon an!«

»Das muss doch eigentlich jeder erkennen, dass dieses Machwerk die finstersten Klischees bedient, zuerst mal: Es gibt zwei Sorten Motorradfahrer – die bösen und die guten. Die bösen Motorradfahrer werden dargestellt von zotteligen Figuren, die bei einem Ork-Casting alle Trümpfe in der Hand hätten und augenscheinlich einen IQ in Höhe der Raumtemperatur haben. Ein Wunder, dass sie im Film keine Keulen tragen und sich gegenseitig an den Fußnägeln kauen! Und die guten Motorradfahrer sind infantile, große und dumme Jungs, angepasste, ergraute Spießer und randvoll mit Komplexen, die

ihr teures Spielzeug nutzen, um sich mit solch einer tumben Tour ins Ungewisse Freiheit vorzugaukeln. Und in Wahrheit stehen sie zu Hause unter dem Pantoffel! Das ist doch tiefstes Mittelalter! In welchen Zeiten leben wir denn?!«

»Und? Zu welcher der beiden Gruppe würdest du dich selber rechnen?«

»Pass' auf, was du sagst, ich bin echt sauer. Und das mit dem verarscht hab' ich auch ernst gemeint. Das war doch US-Bauerntheater! Die Schauspieler, die Dialoge, das ganze Drehbuch – eine einzige Katastrophe, an Plattheit kaum zu überbieten!«

»Hör zu, wir haben es hier mit einer Hollywood-Komödie zu tun, ganz seichte Gewässer – Popcorn-Kino! Was hast du erwartet? *Easy Rider reloaded*?«

»Das war überhaupt die allergrößte Unverschämtheit, diese vielen filmischen Zitate aus *Easy Rider*. Pure Blasphemie! Wyatt würde sich im Grabe umdrehen!«

»Also ich habe da keine Zitate entdeckt.«

»Na hör' mal, das wimmelte ja nur so: Die Bikes, die mit Musik unterlegten Fahrbilder, die Landschaften, die Story, das …«

»Die Story? Wieso die Story?«

»Ja, was denn?! Fonda und Hopper suchen auf ihrer Fahrt die Freiheit und brechen auf ins Ungewisse. Alles geklaut und vergewaltigt. Diese unsägliche Klamotte war keinen müden Cent wert!«

»Na komm', immerhin hat John Travolta mitgespielt, und Tim Allen ist nun auch nicht gerade unbekannt.«

»Travolta … Ich sag' nur: *Guck mal, wer da spricht, Guck mal, wer da spricht 1* und *Guck mal, wer da jetzt spricht.* Und wie hieß noch gleich Allens größter Kino-Erfolg? *Hör' mal, wer da hämmert.* Also: Welcher von beiden ist der Schlimmere?«

»Aber das wusstest du doch vorher!«

»Stimmt. Ich hatte vielleicht gehofft, Travolta hätte sich nach dreißig Jahren im Filmgeschäft mal einen zweiten Gesichtsausdruck antrainiert. Aber davon mal ganz abgesehen: DU hattest vorgeschlagen, in diesen Film zu gehen, nicht ich.«

»Na ja, ich dachte, der Film käme dir entgegen. Schließlich bist du ja auch Motorradfahrer.«

»Na bitte! Da haben wir es doch! Du schmeißt mich also in einen Topf mit den Voll-Honks aus diesem Höllenstreifen?«

»Na ja, also bestimmt nicht in den Topf mit den Rockern …«

»Na toll, danke! Aber der ergraute Spießer, der große Dummkopf mit

seinem teuren Spielzeug – der haut hin, oder was?!«

»Also der Jüngste biste ja nicht mehr – oder siehst du das selber anders?«

»Unsere Freundschaft wandelt gerade auf einem erschreckend schmalen Grat …«

»Okay, Themenwechsel. Außerdem sind wir jetzt eh' da, also wo soll'n wir hin: Theke oder Tisch? … Ach guck' mal wer da ist! Manni und Werner. Hej, ihr beiden! Können wir uns noch zu euch hocken?«

»Ach nee, Klausi und Achim. Wollt ihr zum Abschied auch noch einen heben?«

»Wir kommen gerade aus dem Kino, haben uns *Born to be wild – Saumäßig unterwegs* angeguckt. War ganz okay. Aber sag' mal: Was denn für'n Abschied? Geht's in den Urlaub oder was?«

»Wir hauen doch übermorgen ab. Steigen auf unsere Böcke und dann nix wie weg. Die Familie hat uns zehn Tage frei gegeben, das müssen wir nutzen.«

»Ach. Und wohin soll's gehen?«

»Nach Süden, alles weitere findet sich. Ist quasi eine Fahrt ins Ungewisse.«

»Is' ja ein Ding! Genau das haben wir gerade im Film gesehen! Achim fand's allerdings total scheiße. Er meinte, solche dämlichen Klischees gibt's nur in schlechten Filmen.«

»Wie, Achim? Wassn mit dir los? Fährste jetzt etwa übermorgen nich' mehr mit?! Du hattest doch gesagt, Renate hat abgenickt …?«

Leidenschaft ohne Limit

Die Forderungen nach einem Tempolimit auf Autobahnen sind nicht aus der Welt zu kriegen. Höchste Zeit, mal Argumente auszutauschen.

»Haste von dieser Expertenkommission gehört? Lese hier gerade, dass die der Regierung ein Tempolimit empfohlen haben.«

»Welcher Regierung?«

»Na welcher Regierung wohl: Unserer!«

»Stimmt! Wir haben ja auch eine … muhaa. Aber ein Tempolimit? In Deutschland?! Das werden wir nicht mehr erleben. Never! Schon gar nicht bei diesem Verkehrsminister. Wie heißt der noch? Irgendwas mit B …«

»B …? Wieso B? Scheuer heißt der.«

»Stimmt. War nur meine Eselsbrücke …«

»Aber die führen eigentlich gute Gründe für ein Tempolimit an.«

»Soso. Als da wären?«

»Nun ja, etwa, dass sich der Kraftstoffverbrauch insgesamt reduzieren würde. Weniger verbranntes Benzin, weniger Abgase und so.«

»Mumpitz. Die Einsparungen wären marginal, kaum messbar. Eine Begrenzung auf 120 würde den Verbrauch um ein paar wenige Prozent senken, das ist schon mal nicht viel. Der gesamte Individualverkehr macht aber nur knapp zehn Prozent der Gesamtemissionen aus. Dafür noch ein Verbot mehr? Lächerlich! Da bringt ein Tempolimit so viel wie ein Furz im Sturm!«

»Besser als nix. Ein weiteres Argument für ein Limit ist ein besserer Verkehrsfluss, weniger Staus, weniger verlorene Zeit …«

»Aha. Ich soll also langsamer fahren, damit ich schneller am Ziel bin? Was muss ich mir spritzen, um das zu verstehen?«

»Jetzt stell' dich nicht blöd. Du weißt doch, wie das gemeint ist.«

»Verbiete den Brummi-Birnen das Überholen, und ich unterschreib' sofort! Das würde dem Verkehrsfluss jedenfalls eine deutlich höhere Viskosität verleihen. Diese rollende Lagerhaltung auf der Straße ist doch der eigentliche Skandal! Das sind heute doch keine Autobahnen mehr! Das sind Förderbänder!«

»Umso gefährlicher, wenn die Tempo-Differenzen auf den Fahrspuren so groß sind.«

»Ach. Warum sind dann deutsche Autobahnen ohne Tempolimit deutlich

sicherer als die in den meisten anderen Ländern mit Limit?«

»Öhm … Ist das so?«

»Es ist so.«

»Hmm … Keine Ahnung.«

»Außerdem ereignen sich 95 Prozent aller Unfälle bei Geschwindigkeiten unter 100 km/h und überhaupt nur etwa sechs Prozent der Unfälle mit Personenschäden passieren auf Autobahnen. Landstraßen sind x-fach gefährlicher – trotz Tempolimits auf 100. Also worüber reden wir hier eigentlich?«

»Hast recht, ist Blödsinn, sich darüber die Köppe heiß zu reden. Zumal ein Tempolimit eigentlich doch längst Realität ist.«

»Hö … Hab ich da was verpasst?«

»Nicht per Gesetz. Aber im letzten Jahr hatten wir weit über 500 Autobahn-baustellen, Tendenz weiter steigend. Die hauen in den nächsten paar Jahren so viel Kohle für Straßen- und Brückensanierungen raus, da werden wahrscheinlich die Warnbaken knapp.«

»Das sind ja meist auch keine Baustellen, sondern Dauerausstellungen: Die schönsten Baufahrzeuge der Jahrtausendwende! Eintritt frei! Vorbeifahrt auch. Die finden doch kaum noch Leute für den Straßenbau.«

»Stimmt, hab' jedenfalls noch keine Straßenwalze mit Bremsplatten gesehen. Aber davon mal ganz abgesehen: Du findest doch heute schon auf Autobahnen kaum noch unlimitierte Abschnitte. Auf alle Straßen bezogen sind es angeblich sogar nur ganze zwei Prozent ohne Limit. Die ganze Diskussion ist also schwachsinnig. Die Realität regelt das längst auf ihre Weise. Ein Tempolimit ist also etwa ebenso sinnvoll, wie die Nadel einer Todesspritze noch zu sterilisieren.«

»Ähm … Das verstehe ich jetzt nicht ganz. Aber so oder so, ich bin strikt gegen ein gesetzliches Limit. Wenn Gott gewollt hätte, dass ich höchstens 120 fahre, dann wäre Laverda beim Landmaschinenbau geblieben.«

»Apropos, wo du's gerade sagst: Hier steht, dass selbst die evangelische Kirche ein Tempolimit fordert. Die behaupten, sie hätten eine von Gott aufgetragene Weltverantwortung. Für die ist ein Tempolimit so was wie ein Bekenntnis zum Schöpfer. – Guck' mich nicht so an! Das steht hier so!!«

»Heiliger … Wo leben wir eigentlich? Aber was auch immer da steht, ich will nicht noch ein Verbot. Ich will's einfach nicht!««

»Ist ja schon gut, hab's vernommen. Mir ist es eigentlich wurscht. Bin eh'

kein Heizer. Und wie gesagt, es geht doch sowieso nirgends mehr.«

»Kommt drauf an, wann du unterwegs bist. Nimm am Sonntag um vier Uhr früh den Friesenspieß vom Ruhrpott hoch an die Nordsee, da kannste die Rohre frei blasen, schnurgerade Vollspeed! Bis die Ventile pfeifen!«

»Und? Machste das?«

»Nö. Aber ich würd's gern weiterhin können, wenn ich's wollte. Aus Prinzip!«

»Na ich weiß nicht … Ich will jedenfalls nur ganz selten um vier Uhr früh an die Nordsee, sonntags schon gar nicht. Lass' uns über ein anderes Thema reden.«

»Von mir aus. Ist eh eine typisch deutsche Diskussion. Wir sind schließlich nicht das einzige Land auf der Welt, wo man noch Vollgas geben kann.«

»Warte, das habe ich auch gerade irgendwo gelesen … Wo war's noch gleich? Ah, hier unten: eine Liste all' der Länder weltweit, die ebenfalls kein Tempolimit haben.«

»Und …?«

»Nordkorea, Somalia, Burundi, Bhutan, Afghanistan, Haiti, Nepal, Vanuatu, Myanmar, Mauretanien und der indische Bundesstaat Uttar Pradesh.«

»Na, siehst du.«

»Und auf der Isle of Man gibt es nicht mal auf Nebenstraßen ein Tempolimit, da kann jeder so schnell fahren, wie er will.«

»Ich weiß, das hab' ich auch schon mal gehört. Deshalb will ich da auch auf keinen Fall hin.«

»Hä? Wieso?!«

»Viel zu gefährlich …«